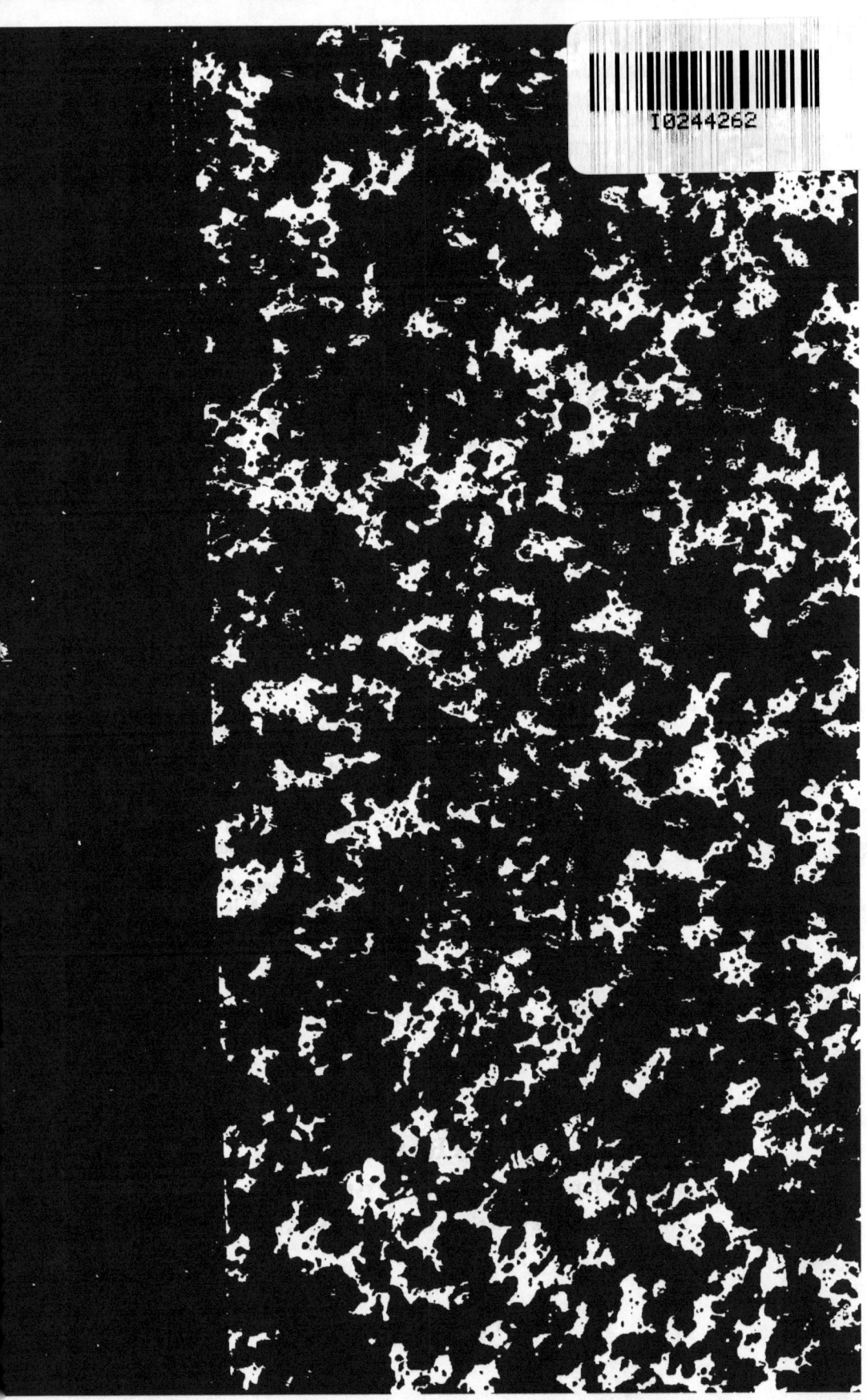

PHILOSOPHIE DE L'IMPERSONNALISME MÉTHODIQUE

LA
LOI DE L'HISTOIRE

CONSTITUTION SCIENTIFIQUE DE L'HISTOIRE

PAR

J. STRADA

> Les Fidélsmes et les Rationalismes plongent toujours les peuples à la décadence. La méthode de l'impersonnalisme peut seule les ordonner dans le progrès et la liberté. Elle seule est la pondération de la science.
> Si vous voulez refaire les sociétés humaines, refaites l'esprit humain. Qui le peut ? La Méthode.
> Les réformes superficielles et de détail ne changeront rien si le fond n'est changé.
> La méthode faite science c'est le germe de l'avenir, c'est l'œuf d'où éclot le monde.
>
> J. STRADA *(passim).*

PARIS
FÉLIX ALCAN, ÉDITEUR
108, BOULEVARD SAINT-GERMAIN, 108

1894

Tous droits réservés.

LA LOI DE L'HISTOIRE

PAU
IMPRIMERIE-STÉRÉOTYPIE GARET
J. EMPÉRAUGER, IMPRIMEUR

PHILOSOPHIE DE L'IMPERSONNALISME MÉTHODIQUE

LA LOI DE L'HISTOIRE

CONSTITUTION SCIENTIFIQUE DE L'HISTOIRE

PAR

J. STRADA

> Les Fidéismes et les Rationalismes plongent toujours les peuples à la décadence. La méthode de l'impersonnalisme peut seule les ordonner dans le progrès et la liberté. Elle seule est la pondération de la science.
> Si vous voulez refaire les sociétés humaines, refaites l'esprit humain. Qui le peut? La Méthode.
> Les réformes superficielles et de détail ne changeront rien si le fond n'est changé.
> La méthode faite science c'est le germe de l'avenir, c'est l'œuf d'où éclot le monde.
>
> J. STRADA *(passim)*.

PARIS
FÉLIX ALCAN, ÉDITEUR
108, BOULEVARD SAINT-GERMAIN, 108

1894

Tous droits réservés.

PRÉFACE ET DESSEIN

DE

CET ÉCRIT

I. — Ce livre est le complément, la conclusion, la conséquence de notre histoire universelle et de notre science des religions. C'est sur cette longue étude qu'il est basé. Il est l'expérience des siècles.

Appuyé sur la synthétique perspective des âges, il fait voir l'esprit et la loi de l'histoire.

Les faits nous font arriver à cette première loi : Ce qui conduit les hommes c'est le droit à l'infaillibilité.

Mais le droit à l'infaillibilité c'est le droit d'être le critérium des pensées et des actes humains.

Mais le droit d'être critérium est réglé par la science de la méthode. Le conducteur de l'humanité c'est donc la science de la méthode.

Mais la méthode n'a jamais jusqu'ici été une science faite. Ignorance tâtonnante et instinctive d'abord, elle a été ensuite et est encore une collection empirique de préceptes de sagesse si incomplets, qu'ils désorganisent le savoir total.

Or l'*impersonnalisme méthodique* en fait une science définitive.

La méthode, désormais science faite, doit donc être la conductrice unique et consciente des pensées de l'homme, de ses actes et du développement des sociétés.

C'est la liberté et l'ordre par la science. C'est la loi de l'avenir.

II. — Toutes les questions sont complexes. Il faut voir le réseau des conséquences pour bien juger.

Aucun problème n'en a davantage que celui qui nous occupe. Car la méthode touche tout ensemble à l'esprit, à la conscience, aux actes, aux mœurs, à l'organisation des sociétés.

Nous l'examinerons sous toutes les faces essentielles à notre sujet. Partout nous trouverons des conséquences identiques. Nous accepterons s'il le faut des semblants de redites qui seront les points de vue divers sous lesquels il faut envisager les faits.

De ces analyses successives dériveront des conclusions semblables. Nous en déduirons l'indestructibilité de la loi que nous cherchons. La science a cette nécessité. Elle répond au mot souvent cité d'Isaïe : Je dis cent fois les mêmes choses pour qu'on les entende une fois. Nous ramènerons à la fin cette complexité à des termes simples qui feront de la solution une question de bon sens appréciable à tous.

Tel est le chemin que nous allons parcourir. Dans le courant nous aurons à apprécier, à la lumière de la science de la Méthode, le rôle et les causes de l'influence de la France dans le passé et le présent, et nous déduirons sa mission dans l'avenir.

Vue au travers de la notion de la méthode, c'est-à-dire de l'influence que le critérium infaillible adopté exerce sur les individus et les peuples, l'histoire n'a plus de secrets. Elle n'est plus ce tissu de faits incohérents qu'on nous a présentés toujours. Elle est une suite et pour ainsi parler une seule et séculaire bataille.

Chaque critérium est en combat avec l'autre. Et selon leur force, leur valeur intrinsèque, on peut suivre le degré de vitalité et de décadence des nations. Tout s'explique. Toute ombre devient clarté.

On a dit : Nous ne saisirons jamais la cause première, nous ne pouvons connaître que les causes secondes des phénomènes. Parole bien hasardée et bien étroite.

Voilà la cause première en histoire. Les causes secondes tenant d'elles sont faciles à élucider.

On parle de faits inattendus qui déroutent la raison. Il n'y a pas de faits inattendus. Ils sont la suite logique et fatale du critérium infaillible adopté.

Ce n'est point notre logique personnelle qui est juge ici ; c'est la logique nécessaire du critérium, que les esprits attentifs pourront désormais découvrir et élucider.

III. — Écrire pour raconter le passé est déjà un service rendu à l'esprit humain. Ce n'est pas assez. Il faut écrire les yeux fixés sur l'avenir. Quel ? Le double avenir de la patrie et de l'humanité.

C'est dans cette pensée que j'ai fait ce livre.

C'est pour la droite direction de l'esprit que j'ai écrit l'*Esprit de l'Histoire Universelle* et surtout celle de *la France*. J'ai voulu qu'on y vît courir, dans le secret des organismes sociaux et des événements, la cause mystérieuse qui fait les développements, les mœurs, les stagnations et les progrès des civilisations.

Ici je voudrais que la loi de l'histoire mise en relief éclairât les âges du passé, préparât les temps de l'avenir.

Si l'on veut arriver à affranchir les sociétés, il faut nécessairement leur donner des sciences constituées et solides, pour qu'elles puissent se conduire et s'ordonner. Sinon elles sont condamnées à tomber déséquilibrées d'abîme en abîme, par les ordonnances artificielles que leur imposent les passions, les systèmes, les ignorances, les infatuations et les orgueils humains, cachés sous ces deux noms : les Fidéismes et les Rationalismes.

Nous allons donc ici constituer l'Histoire en science positive, ayant sa base d'action et ses lois de développement, comme nous avons précédemment constitué la science de la Méthode. Nous arriverons à ce résultat que la science faite de la méthode assurant la marche de toute science faite, assurera la marche de l'histoire faite science.

PREMIÈRE PARTIE

LES CONSTANTES DE L'HISTOIRE

CHAPITRE Ier.

Qu'est-ce que l'Histoire ?

I. — Qu'est-ce que l'histoire ? Presque tous les historiens ont dit : « C'est le récit des faits. » Mais les faits, dans les sciences, n'ont toute leur valeur que par leur lien avec des faits d'ordre supérieur qui sont les lois. Guizot a dit : « C'est l'analyse des faits. » Mais ce n'est là qu'un approfondissement empirique. Michelet a dit : « C'est une résurrection. » Mais c'est un mot de dramaturge, de romancier. Il en peut sortir un intérêt extérieur, tout d'art, de récit, d'évocation, qui n'est pas le fond même de l'histoire. D'autres, nombreux, ont dit : « C'est la fatalité des faits s'engendrant l'un l'autre. » Mais c'est une simple série sans explication de ce qui cause la fatalité, c'est-à-dire sans loi.

II. — L'histoire c'est une fatalité logique. L'histoire c'est une liberté.

Logique de quoi ? Liberté de quoi ? Liberté pour l'homme de choisir le critérium infaillible qui va déterminer toute la fatalité logique des développements d'un peuple, d'une civilisation.

Pénétrons ceci par quelque exemple. Dans la vie on voit les hommes changer de foi religieuse ou politique ; on les voit se convertir à tels ou tels principes ; adorer ce qu'ils ont brûlé, brûler ce qu'ils ont adoré. Ainsi presque toute la jeunesse française est élevée dans le catholicisme, et presque tous les Français arrivés à l'âge d'homme ont laissé là le catholicisme pour suivre, les uns la raison, les autres la science.

Or, à ces changements préside le choix d'un critérium de pensée, de conduite. Le catholicisme avait pour signe infaillible le pape, le prêtre, la parole révélée. L'homme qui laisse le catholicisme, répudie ce critérium, érige en juge dernier sa conscience personnelle, sa raison propre, ou accepte les critériums que reconnaît la science actuelle l'expérience, l'évidence.

Tout changement dans la direction de la vie d'un homme et dans ses idées, implique donc un changement de critérium infaillible, qui donne à ses actes, à ses pensées, une logique, un développement nouveaux. Or, tout changement de critérium est libre pour l'homme. Il l'accepte ou le rejette librement, au moins dans le for du cœur, si les événements extérieurs ne lui permettent pas de le montrer.

Le choix du critérium infaillible c'est la liberté de l'âme.

Il en est de même pour les peuples et les civilisations. Ils acceptent un critérium d'existence et de pensée. A partir de ce choix la logique se déchaîne implacable.

Elle traîne la nation, la civilisation aux dernières conséquences qu'il nécessite. Ainsi quand les peuples ont accepté l'infaillibilité d'un révélateur divin, quel qu'il soit, peu à peu ils en tirent et en subissent tous les entraînements et toutes les phases logiques. Ils s'abîment sous les représentants de leurs prophètes, loin de tout progrès. Quand au contraire ils adoptent un critérium, qui a valeur rationaliste, le savoir fait des progrès proportionnels à la qualité de ce grand juge. Tant vaut le critérium choisi, tant vaut la civilisation, tant vaut la science générale, tant vaut l'homme.

Le critérium adopté a donc une logique fatale. C'est ce

qui a trompé les historiens jusqu'à faire décréter la fatalité ou le providentialisme de l'histoire.

Il n'y a pas fatalité, car il peut toujours y avoir liberté dans le choix du critérium, d'où va partir la fatalité logique. Cette fatalité est donc dirigée par la liberté. Il y a liberté puisqu'un homme dans sa vie peut changer de critérium infaillible. On le voit assez de notre temps où les uns répudient la foi pour la science par amour de la vérité ; où les autres renoncent au critérium de la science pour celui des fois, parce qu'ils y ont quelque intérêt. Ces motifs très personnels démontrent la liberté du choix.

La logique fatale d'un critérium ne s'attache donc pas fatalement et irrémédiablement à un homme, à un peuple. Ils peuvent, quand ils le veulent, couper court aux conséquences nécessaires, en s'instruisant sur la valeur des critériums, en rejetant l'ancien comme inférieur et dangereux, en adoptant le nouveau comme plus large et plus vrai. Dès ce moment une nouvelle voie de logique fatale s'ouvre, correction de la première. Elle peut être encore arrêtée par le choix d'un autre critérium meilleur ou pire.

On peut donc dire que le vrai critérium, infaillible, complet et scientifique étant découvert, la voie de logique fatale sera toujours scientifique et toujours bonne. Par conséquent elle ne sera plus abandonnée et engendrera, comme la science, le progrès continu dans les sociétés.

La liberté de la vie et de l'histoire se trouve donc démontrée.

III. — La fatalité logique est l'expérimentation pratique de la valeur des critériums infaillibles. Elle en fait saillir la fausseté en entraînant à l'absurde et aux catastrophes. Elle prouve la vérité du critérium infaillible, scientifique en entraînant au vrai, au progrès.

On le voit donc : c'est la nécessité universelle de l'histoire que tout critérium tenu pour infaillible détermine la fatalité logique qui fait la vie des hommes, des peuples, des civilisations. On peut dire *à priori,* à voir le critérium infaillible d'un homme, d'un peuple, quelles seront leurs existences ; cela aussi certainement que le mathématicien est sûr *à priori* de la valeur de ses opérations.

Une restriction toutefois : c'est que l'action d'un autre critérium ne viendra pas se mêler à celle de l'infaillible choisi. Dans ce cas on peut encore déterminer la vie du peuple ou de l'homme, en tenant compte, par un calcul composé, de la proportion d'influence des deux critériums mêlés, c'est-à-dire de l'action des différentes constantes de l'histoire.

Voyez un exemple du mélange et de la superfétation des critériums.

La loi salique dit : Cherchez le juste selon la raison. La raison dit : Le juste c'est, qu'après la conquête, la terre soit partagée entre tous les combattants, proportionnellement à leur grade et à leurs services.

Or, le droit de conquête est attaché à ce partage.

Que s'ensuit-il ?

1° La création d'une aristocratie terrienne pour les hauts grades.

2° Mais le droit de conquête donne droit royal sur la chose possédée, chacun est donc roi dans sa portion.

3° Mais que feront les petits propriétaires sans temps libre, sans épargne, pour mettre leurs terres en rapport ? Ils meurent de faim sur leur royaume minuscule.

4° Ils empruntent donc et l'engagent, ou le vendent aux grands.

5° Voilà les Grands, possesseurs royaux de toute la terre.

6° Mais pour les petits, il faut vivre par le travail. Ils deviennent donc les serfs des seigneurs, qui de leur côté rois dans leurs terres deviennent les menaces des rois.

7° Voilà donc la féodalité et le servage qui règnent, et bientôt fonctionnent avec toutes leurs horribles suites.

Je passe le détail des conséquences pour garder les grands traits.

Donc le critérium du juste était en acte, mais il n'est appliqué que par la raison, non par la science. Aussi l'esprit, par erreur, trouve juste la loi de partage, juste le droit de conquête. Il en résulte que le critérium de justice est détrôné et remplacé par deux droits artificiels qui deviennent critériums et vont engendrer une des plus grandes iniquités de l'histoire, la Féodalité. Et les féodaux y compris le duc de Saint-Simon se croiront très naïvement dans leurs droits. Ils s'y croient peut-être encore.

Le critérium de justice ne peut être réellement appliqué que par la science faite de la justice morale. Jusque-là le monde ira tâtonnant, tombant. La raison faussera le critérium qu'elle avait entrevu justement comme vrai. Ses interprétations intéressées, personnelles, partielles annihileront la grande impersonnalité du critérium infaillible.

CHAPITRE II

Les passions et l'ignorance de la Méthode ont été les causes des transitions de l'Histoire.

J'accuse les hommes et leurs passions, mais j'accuse surtout leur ignorance de la méthode. Les transitions de l'histoire étaient par là nécessitées. Car c'est ainsi l'homme est une liberté enserrée dans la fatalité des lois.

L'Arya primitif a pu, comme l'animal, suivre la méthode

impersonnelle, c'est-à-dire la naïve obéissance aux faits qui s'imposent! Mais bientôt il n'a pu attendre les résultats trop lents de cette méthode, qui, sans conscience d'elle-même, sans les procédés de la science, ne pouvait le mener assez loin pour suffire à l'envolement de sa pensée et à l'organisation de son état social. La vie n'attend pas.

L'homme a donc été entraîné à se décider par lui-même, indépendamment des faits, par des à peu près, par des intuitions, des sentiments, par des conjectures, des hypothèses élevés à propos de quelques faits dont on ne connaissait pas les lois, bien plus dont on inventait les lois. L'homme est donc sorti, sans s'en douter, de la méthode native et impersonnelle ; il est entré, sans le savoir, dans la méthode personnelle du rationalisme, où son opinion propre a été préférée aux faits.

Cette méthode n'a pas tardé à apporter les mille désordres individuels de raisons personnelles concluant, affirmant, voulant, agissant indépendamment de la vérité des faits. Les passions ont augmenté épouvantablement ce désordre de l'ignorance de la méthode.

Comment sortir d'un pareil état mortel à toute Société ? Quelques hommes supérieurs, influents, ont fait prédominer leurs opinions personnelles en ce qui touche les questions générales de la pensée et ils ont été les prêtres ; d'autres les ont fait prédominer pour la direction sociale, ils ont été les rois. On peut dire que les fidéismes sont les dictatures nécessitées par le désordre des rationalismes.

Les prêtres et les rois n'ont pas tardé à se trouver en contradiction d'hypothèses, d'influence de pouvoir. Ils se sont donc disputé les nations par les armes, ou ils se les sont partagées. La méthode personnelle aux rois ou autocratie, la méthode personnelle aux prêtres ou théocratie, ont amené tous les esclavages dans les luttes séculaires des passions au paroxysme.

Mais l'homme s'est lassé. Chacun a fait des hypothèses personnelles en face des hypothèses usées et abusives des prêtres et des rois. Le monde est donc revenu par un nouvel essor à la méthode rationaliste. Alors l'individu a déclaré la guerre au prêtre, au roi, au lieu de couler sous eux dans le fidéisme aveugle de l'ignorance. Et les batailles des passions se sont déchaînées encore.

Dans toutes ces luttes, pesez-le bien, les deux partis ne combattaient qu'au nom d'opinions personnelles, d'hypothèses individuelles ! De là l'impossibilité d'un accord final. Le *Moi* individuel des hommes se heurtait contre le *Moi* individuel des prêtres et des rois. Car qu'est-ce qu'une prétendue révélation, qu'est-ce qu'une constitution ? Ce sont les hypothèses dogmatisées et codifiées d'un prophète et d'un roi, qui n'ont pas toujours du génie, mais sont des hommes détenant la force. Et les batailles des passions reprenaient encore sans finir.

Les partis tombaient l'un sur l'autre sans s'achever, assez forts pour le combat, trop faibles pour la victoire. Ni les uns ni les autres ne pouvaient trouver l'ordonnance définitive, parce que autocratie, théocratie et rationalisme avaient la même tache au front : individualisme du prêtre, du roi, de chaque individu dans le peuple.

Les méthodes personnelles, les critériums infaillibles déférés au prêtre, au roi, à l'individu, c'est-à-dire les fidéismes et les rationalismes, ont donc été la cause des états faux et en porte à faux qui ont engendré les troubles de l'humanité. La méthode impersonnelle, qui, inconsciente assure la vie de la nature, de l'animal, de l'homme en tant qu'animal et en tant qu'être instinctif (nous l'expliquerons plus loin), est la seule qui puisse rompre avec les séculaires erreurs où l'humanité s'est engagée par les méthodes personnelles au prêtre, au roi, à l'individu.

Mais la méthode impersonnelle n'est possible à pratiquer complètement qu'avec la science et par la science ! Voilà pourquoi elle a tant tardé à apparaître dans l'humanité. Avons-nous assez de sciences faites pour qu'elle soit vraiment praticable en tout et sur l'heure ? Oui, si nous avons constitué les sciences morales. Or, je les donne toutes.

Mais quelle que soit la solution, on ne doit pas hésiter à proclamer qu'elle est la seule méthode vraie et la seule solide, parce que seule elle établit l'équilibre des trois ordres du savoir.

C'est par elle précisément qu'on arrivera à avoir assez de sciences faites pour que toute la pratique, toute la vie du genre humain, d'accord avec la science, prenne ce grand caractère d'impersonnalité, qui assurera à l'homme, individu et humanité, un développement d'une noblesse, d'une élévation encore inconnues.

※

CHAPITRE III

Les oscillations du Critérium.

I. — L'histoire c'est la lente et douloureuse expérimentation des divers critériums infaillibles que la méthode inconsciente ou consciente a présentés. Nous toucherons du doigt les constantes de l'histoire en ayant sans cesse présent à l'esprit l'ensemble des faits engendrés par chacune des méthodes et par les critériums dits infaillibles qui ont régi l'humanité. Nous serons obligés de nous remettre souvent devant les yeux ce tableau considéré sous ses différents aspects, car il nous démontrera toutes les faces de la fatalité logique des critériums engendrant les faits moraux et sociaux.

Aussitôt que l'homme s'éveille à la vie, il est entouré, assiégé par les faits, qui, sans qu'il s'en doute, quoiqu'il en ait, l'instruisent sans cesse. Il voit, il entend, il touche. Ses sens adéquats aux objets à connaître, reçoivent des faits qui, transmis au cerveau, deviennent ses idées par transformation de force. (Voir *Ultimum Organum, Pensée Humaine*, etc.).

Durant cette époque de naïve et droite ignorance qui consulte la nature spontanément et s'y fie par la force même des choses, l'homme comme l'animal, a pour critérium les *faits*. Tous deux ne croient qu'aux faits ! Et ils apprennent ! C'est la cause de ce jugement droit des animaux qu'on nomme instinct. C'est la cause de ce jugement droit des sauvages, des laboureurs, des marins, des pasteurs et de tous les ignorants qui ne font que consulter les faits, croire en eux, sans plus. C'est en un mot la cause de la justesse de ce que l'on appelle avec raison l'expérience de la vie.

C'est cette certitude de méthode et de critérium qui assure l'existence de tous les êtres. Elle est inconsciente. Elle s'opère par les affinités naturelles des faits et de la pensée animale ou humaine.

Ce premier état est toute la vie de l'animal, qui n'existe que par lui. Pour cela nous étonne-t-il par ses merveilleuses visions et prévisions. Si chez l'homme il reste toujours la base nécessaire de la vie, en dehors de là il cesse rapidement, il s'altère vite. La pensée humaine ayant une multiplicité de besoins, ne peut se contenter de ce commencement de connaissances.

Cet état a persisté chez la plus droite et la plus haute

des races humaines, les Aryas, assez longtemps pour enfanter une société primitive, et le Véda non écrit, qui devint plus tard la bible des religions et de l'état social de l'Iran et de l'Inde. Ce livre à son commencement n'est qu'une constatation pure et simple des faits de nature, si vraie et si juste, qu'elle nous montre nette la puissance méthodique de l'homme dès les premiers pas de l'humanité.

Cette bible, en effet, a constitué un état social primitif : le patriarcat Védique, unique au monde, et dont les autres ne sont qu'une dégénérescence. Elle a donné à l'homme l'hypothèse fondamentale de toutes les grandes religions par le culte solaire, et du même coup elle a présenté l'hypothèse scientifique dont nous n'avons la certitude que d'hier, à savoir : que toute force vitale et vivante n'est qu'une transformation de l'énergie du soleil.

Quoiqu'il en soit, ce livre est resté l'exception unique. Assez rapidement peut-être il a lui-même dénaturé la vérité simple de ses observations primitives à cause du trouble occasionné dans l'esprit humain par la complexité des opérations sociales, familiales, commerciales, religieuses. De là sont nées les décisions hâtées, indépendantes des faits, c'est-à-dire les faussetés de tout genre issues des rêves, des intérêts, des passions, du Moi.

Ces difficultés se sont présentées dès le commencement à tous les groupes humains. La méthode primordiale, naturelle à l'animal, à l'homme, a donc rapidement disparu des décisions de l'humanité, tout en continuant à servir de base fatale et indispensable à toute vie humaine. Elle a donc de tout temps et partout servi de point d'appui naturel, mais ignoré, à toutes les autres méthodes qui l'ont bien vite délaissée, et qui, fausses et mensongères, ont remplacé la vraie.

Expliquons : L'intérêt, la passion, le rêve ne sont basés que sur l'observation des faits, comme la vie elle-même.

Il s'ensuit que les rêves les plus bizarres, les passions, les intérêts les plus aveugles ont pour base une certaine vérité des faits. La pensée des fous même l'appuie encore sur des faits. Mais c'est un minimum qui est bien peu de chose pour parer à la complexité de la vie, surtout de la vie sociale. Dès lors ce sont donc les rêves, les intérêts, les passions qui vont régner aux dépens de la vérité de nature. Le Moi va remplacer les Faits ! Le fidéisme, qui est le *Moi* du prophète, du prêtre, du roi ; le rationalisme qui est le *Moi* des individus, vont détruire la vérité et l'équilibre des *Faits*.

Toutes les erreurs de l'homme viennent de là. Ces erreurs étaient fatales, et le seront toujours jusqu'à ce que la méthode soit devenue une science-faite, enseignée à tous dès le bas âge : ce que nous pèserons.

Il fallait vivre ! C'est-à-dire se décider sans avoir pénétré assez de faits pour être vraiment éclairé, sans connaître la méthode vraie qui pouvait enseigner les faits ! L'erreur était impossible à éviter. C'est la grande excuse de nos pères ! La rectitude ne pouvait arriver que par le progrès méthodique, et le progrès poussé jusqu'à la science-faite.

II. — Que s'est-il donc passé ?

Les peuples et les races ont des aptitudes diverses comme les individus. L'aptitude c'est l'affinité naturelle d'un organisme, d'une pensée avec tel ordre de faits particuliers.

Tous les peuples ont commencé par l'âge sauvage. Les moins intelligents y sont restés, comme l'animal est demeuré dans l'instinct. Leur progrès semble nul, sans qu'on puisse dire que ces hommes sont incapables de progrès. Telles sont les peuplades noires, jaunes, d'Afrique, d'Océanie, d'Asie, d'Amérique. Il n'y a vraiment qu'une race de progrès spontané, l'**Arya**. Le reste suit.

D'autres donc ont fait ce premier pas : l'âge barbare ; et

les moins intelligents s'y sont figés. Tels sont les peuples noirs, jaunes, de la haute Asie. Mais nous avons vu qu'ils sont déjà imprégnés d'Aryas.

Les troisièmes ont fait ce second pas : la naissance de l'art usuel, matériel, industriel. Sous la pression fatale des critériums théocratiques, ces peuples y sont restés confinés. Ils ont créé un état artistique et social analogue à notre moyen âge. Tels sont les Aryas mêlés plus ou moins, Indous, Japonais, Chinois, Egyptiens, Perses, Juifs, Assyriens, Gaulois, Arabes. Telle a été notre Europe pendant de longs siècles. On voit la ressemblance soit à l'état de féodalité, soit à la soumission fidéiste au prêtre, au roi ; au caractère des arts, qui a des ressemblances étranges non relevées encore par la critique même la plus fine. On n'en a vu que les différences. Ma collection de l'*Unité de l'Art dans l'Humanité* est une preuve tangible de ce que j'avance.

Le dernier pas enfin n'a été franchi que par la race des Aryas purs. C'est la civilisation vraie avec le grand art.

Elle est l'œuvre du rationalisme.

Les Aryas mêlés aux autres races, ou même les Aryas purs soumis aux théocraties, n'ont pas dépassé l'état que j'appelle de moyen âge. Les Aryas purs ou seulement mêlés entre eux dans leurs différentes variétés, paraissent seuls avoir été capables de véritable civilisation parce que seuls ils l'étaient de rationalisme.

Mon *Histoire Universelle, l'Épopée Humaine* ont montré que l'état de moyen âge n'apparaît que par suite d'un mélange d'Aryas avec les autres races. Ces mélanges ont impressionné l'Egypte, la Chine, la Corée, le Japon, l'Assyrie, la Chaldée, la Judée, l'Arabie, la Gaule, l'Inde où la loi des castes montre la terreur de l'absorption de l'élément Arya, tout au moins de son abaissement complet.

Les Aryas purs ou simplement mêlés entre eux semblent toujours être restés par droiture naturelle et inconsciente plus près de la méthode primitive et animale, celle de la croyance aux faits. De là leurs progrès. De là la conscience qu'ils ont prise de l'opération naturelle de la connaissance qui est la méthode. Aussi des hommes du Véda inconscients, on passe aux philosophes Indous relativement libres, chez lesquels la conscience méthodique semble une aube. Puis on arrive aux Grecs où elle est aurore et jour, et s'impose par la protestation de la raison contre les rêves affirmatifs crus sur parole, c'est-à-dire contre les fidéismes. De là ce résultat nouveau : Les directeurs sont non des prêtres, mais des sages. Enfin en France le rationalisme arrive à la pleine conscience de lui-même par les critériums raison, expérience, évidence, conscience, et en dernier lieu organisme !

Au vrai la conscience méthodique n'existe que lorsque le mot rationalisme est prononcé, que lorsque la raison a dit : J'ai droit de juger, donc je suis le critérium de la vérité. Jusque-là il n'y a point conscience. Les hommes suivent en aveugles un critérium, dit infaillible, c'est-à-dire la méthode de penser que leur impose ce critérium, qu'il soit religieux, politique ou familial. Ce que je viens de dire explique pourquoi les fidéismes n'enfantent que l'état de moyen âge, pourquoi le rationalisme seul ouvre la vraie civilisation.

Avec le mot rationalisme naît le mot de liberté. La raison humaine-critérium affranchit l'homme.

Mais le danger commence ! L'impuissance du rationalisme va se dévoiler comme celle du fidéisme. Aussi les sages, les penseurs vont chercher par quel moyen la raison, ce critérium dit infaillible de la vérité, va pouvoir arriver à la vérité. Proposition négative d'elle-même, cercle vicieux par excellence ! Mais il faudra tant de siècles pour s'en apercevoir, que l'on ne s'en est pas encore avisé ! La pauvre humanité vit là-dedans !

Depuis les Grecs la raison cherche le moyen de se fixer.

Pourtant elle ne s'en déclare pas moins le juge dernier. Certes on a droit de sourire. C'est de l'histoire. Les Grecs et les Français ont fait la philosophie de tous les moyens par lesquels la Raison, critérium infaillible, peut se reposer dans le vrai.

Tout le développement méthodique de ces peuples s'élève donc contre le développement méthodique des fidéismes théocratiques et autocratiques. Par là il était fatal qu'ils devaient arriver à la notion de la liberté, comme il était fatal que les autres devaient rester sous la pression despotique de la foi et de la force !

III. — En résumé : La méthode est inconsciente ou consciente.

Consciente, elle doit finir par être science.

La méthode inconsciente comprend toute la vie des hommes et des peuples en dehors du rationalisme. Elle comprend toutes les institutions sociales de la force et toutes les religions des Fois.

Mais elle comprend aussi l'âge où l'homme pense instinctivement, animalement. C'est en effet pas instinct, par force des situations, que se forment les institutions de la force, que s'établissent les religions issues de la parole d'un homme, lequel se croit inspiré. Cela est vrai des sorciers aux prophètes, aux fils de Dieu, et à leurs représentants.

Les religions ont toujours ignoré jusqu'ici qu'elles n'étaient rien autre chose que des méthodes de penser et d'agir. Je l'ai prouvé à la *Science des Religions*, à la *Religion de la Science*, à l'*Épopée Humaine*, à l'*Ultimum Organum*, etc.

Les chefs, les rois ne savent pas davantage qu'ils ne font qu'imposer des méthodes de penser et d'agir, de même que les chefs religieux. Tout cela s'est fait d'instinct par la force des choses autant que par les passions.

Quand la méthode est consciente c'est que le rationalisme est né. Ainsi l'on doit affirmer qu'elle a toujours été à moitié consciente dans notre nation, puisque l'idéal salique l'affirme expressément par ces mots : *Chercher la clef de la science et la justice par ses facultés,* c'est-à-dire *par sa raison.*

Si la méthode consciente n'est que rationaliste, comme cela fut en Grèce et en France jusqu'à nos jours, la fatalité logique pousse la société à l'individualisme ; car chacun a sa raison humaine ; et la licence fait tout sombrer après une lueur de liberté.

Nous verrons qu'il est absolument nécessaire que la méthode soit science-faite, pour établir l'ordre libre de l'esprit et des sociétés.

IV. — Toutes ces assertions sont à approfondir. Nous le ferons. Mais ici je veux le dire une fois pour toutes :

Accusé-je les Fois, les Rois, les Fidéismes, en un mot, de n'avoir fait que du mal ?

Non certes. Ils ont fait ce grand bien : rendre la vie des hommes possible par l'ordre factice qu'ils ont établi. Leur convention a permis de vivre. Mais, étant artificielle, elle a apporté tous les maux et toutes les faussetés que je décris. Ils ont été la pierre d'attente de la science, mais en même temps la pierre de son sépulcre.

Les rationalismes, de leur côté, ont eu leur apport de bien et de mal, que je développe dans le courant. Mais ils ont sur les fidéismes le grand avantage que l'angle d'ouverture de la science est avec eux considérable, qu'ils commencent la vraie civilisation. Leur grand mal est de ne la pouvoir fixer.

Je suis donc bien loin de dire que les Fois n'ont engendré que des maux. Je dis, au contraire, que toutes ont fait naître de grandes, d'incomparables vertus, parce que l'idée d'un Dieu, fût-il absurde, reste leur fond, et apporte un levier impersonnel à toutes les âmes profondément droites et leur donne la moralité que tout critérium impersonnel impose à l'homme en le faisant sortir de lui-même. Toutes les Fois ont eu des saints, tous les fidéismes royaux ont engendré des dévouements sublimes.

Mais remarquez-le bien ces saints sont des hommes qui prennent des religions les aphorismes moraux et le devoir de l'homme de s'y soumettre. Ils ont donc comme je l'ai prouvé longuement ailleurs l'esprit des sages bien plus que l'esprit des prêtres.

La différence est que l'esprit des prêtres s'attache à la parole révélée, aux dogmes qui en découlent logiques, aux moyens de les répandre, de les faire respecter, de les imposer, s'il est besoin. L'esprit des sages ou des saints, ce qui est tout un ici, s'attache à la loi de la morale-justice, comme représentant l'esprit de Dieu même. Par là ils sont conduits à l'effacement de leur moi vis-à-vis des lois qu'ils croient divines. C'est déjà un avant-goût de l'impersonnalité qui est dans la science. Que sera-ce donc quand l'impersonnalité scientifique sera assurée par la méthode science faite, par la science du bien et du mal science faite, par les lois certifiées des trois ordres du savoir ?

C'est l'avenir de l'humanité auquel convie la méthode de l'impersonnel critérium.

Les Fois se servent bien de la belle puissance d'impersonnalité, qui est au fond de l'âme humaine, mais elles poussent l'humanité à des sacrifices inutiles, atroces, dangereux pour l'âme et les sociétés. Vous le voyez aux tortures des fakirs, des stylites, des musulmans qui se poignardent eux-mêmes, des peaux rouges qui dans la danse du soleil se déchiquètent réciproquement de leurs couteaux et mangent les morceaux de chair qu'ils s'enlèvent l'un à l'autre. Vous le voyez aux sacrifices humains des Moloch, des Abraham, des Druides ; aux suicides religieux de tant de cultes de l'Inde ; aux sauvages et aux chrétiens même, dont les ascétismes ont été souvent de lents suicides.

Les rationalismes d'ailleurs ont montré aussi la puissance d'impersonnalité de l'homme par les privations voulues des Socrate, des Diogène, des Zénon, des Épictète, de tous les stoïciens, de tous les dévouements héroïques au bien, au beau, au vrai. Toujours d'accord avec la justice et la raison, les renoncements impersonnels des rationalismes n'ont jamais abouti comme ceux des fidéismes à la négation de la science, mais au contraire ont cherché très souvent à la grandir. C'est une haute supériorité qui laisse le chemin ouvert au progrès. Il n'y a pas là déviation du sens de l'impersonnalité comme dans les fidéismes. Il n'est pas organisé ; mais il peut l'être. Il le sera par la méthode et le critérium impersonnels et scientifiques et par nul autre.

V. — Regardant l'histoire à ce jour nouveau, pesons le passé et vérifions si nous ne nous trompons point. Qu'avons-nous vu dans les siècles ?

Le monde presque entier a adopté des critériums fidéistes qui tous reviennent à deux : La parole du révélateur tenue pour divine, la parole des représentants du révélateur. Toutes les civilisations ayant accepté ces critériums ont eu un développement analogue, qui s'est partout changé en stagnation proportionnelle. Il faut comprendre ici les monothéistes aussi bien que les polythéismes. Il suffit, pour ce résultat, d'être fidéiste et théocratique.

Les représentants des critériums rationalistes, les Aryas védiques, les Grecs, les Français apparaissent comme ayant une vie différente. Ils n'ont pu s'affranchir complètement des critériums fidéistes répandus dans le monde entier, mais le critérium rationaliste, sous un nom ou sous un autre, a toujours reparu chez eux, repris son œuvre jusqu'à ce qu'il l'ait accomplie et poussée à ses dernières conséquences, bonnes ou mauvaises.

C'est pour cela que la Grèce tombée a combattu jusqu'à la fin par ses sublimes stoïciens ; c'est pour cela que la France est restée le centre de l'opposition à la Rome papale depuis Charlemagne et Abeylar. Ce que fit Charlemagne est un gallicanisme ou mieux un francisme que l'on verra revivre à Abeylar, à Philippe le Bel, au concile de Constance, à Bossuet, à Louis XIV et que l'on voit poindre encore de nos jours. Je ne parle pas des négations absolues de nos auteurs du moyen âge et de la Révolution, ni des luttes des rois, des juristes et des écrivains. La bataille de l'esprit salique et français s'est dressée contre Rome jusqu'à ce qu'il l'ait vaincue. Le catholicisme chez nous est tellement plein de rationalisme, qu'il y a fort peu de catholiques réels. La papauté le sait bien. Aussi malgré toutes les démonstrations, elle se défie. Au fond elle haït la France. Les Français ultramontains qui suivent Rome perdent l'amour intime et l'esprit de la patrie. Les Veuillot chantent les parfums de Rome et les relents de Paris.

La force de la France, ce qui a fait et fait d'elle la nation influente par excellence, malgré les sombres jours qu'elle a traversés, c'est qu'elle est le peuple méthodiste, le peuple rationaliste comme la Grèce.

Toute la puissance première d'un homme, d'un peuple réside dans le choix de son critérium infaillible et dans sa constance à en tirer les conséquences logiques. Or, la France depuis la loi salique jusqu'à la Révolution et à nos jours a dit : *Chercher la clef de la science et la justice selon sa raison.* Elle a poursuivi ce but sacré, malgré tous les obstacles suscités par les invasions de toutes les barbaries de l'Allemagne, de l'Angleterre, de l'Espagne, des Musulmans, des croisades catholiques et des inquisitions. Elle a eu plus qu'aucune autre nation la persévérance de suivre son critérium. C'est une constance de quinze cents ans.

D'autres peuples ont perdu la voie. Elle jamais. On a voulu l'égarer, l'entraîner ; elle a toujours repris sa route et finalement a triomphé.

La Révolution n'a pas seulement été une victoire de certaines idées, elle a été avant tout la victoire du critérium rationaliste. Aussi elle a changé le monde malgré toutes les résistances. Plût à Dieu que la France eût pu rester (comme cela aurait dû être) sur les victoires légitimes de la Révolution, qui refaisaient le panfrancisme de notre race. En vain des aveugles comme Taine et Renan, des tricheurs comme les Allemands et les Anglais veulent amoindrir la portée de la Révolution. Allez au fond : Changeant le critérium infaillible de la pensée, elle a changé le critérium social, l'axe social, les sociétés. Et ne le voit-on pas aux efforts malheureusement trop inconscients et désordonnés qui ne savent pas faire la part de la force et de la faiblesse de la Révolution.

Les rationalismes comme les fidéismes ont leurs conséquences extrêmes. Tous y ont été également entraînés, les Aryas primitifs, la Grèce, la France ! La chute du rationalisme sous le despotisme des dictateurs a suivi de près sa victoire ; nous y appuierons. Ainsi le monde par ces trois grandes civilisations a fait l'expérience, que si le critérium rationaliste est puissant pour pousser l'homme à la liberté, il est impuissant à l'y maintenir et à vaincre les fidéismes qu'il n'a jamais pu et ne pourra jamais anéantir totalement.

L'histoire a été dans cette oscillation perpétuelle, analogue au battement d'un pendule inégal. Le monde ballotté entre les deux logiques fatales des critériums fidéistes et des rationalistes, ne s'est encore jamais reposé dans le large équilibre du critérium scientifique, seul solide, seul certain, seul indéfiniment progressif.

C'est là qu'il faut le pousser. C'est ce que nous faisons depuis trente ans par la **constitution scientifique de la** méthode et du critérium infaillible. La méthode est encore bornée à quelques aphorismes plus ou moins vrais, à quelques processus empiriques très bons d'ailleurs, tous incomplets, tous désorganisateurs (malgré des services partiels) de l'équilibre du savoir total ! Quand la pondération des trois ordres de sciences manque, l'équilibre des sociétés est impossible. Il faut l'affirmation du vrai, du seul critérium infaillible. Nous en montrons la puissance universelle, ordonnatrice, dans tous nos ouvrages : *Ultimum Organum, Méthode Générale, Pensée Humaine, Point de Départ de la Pensée, Religion de la Science, Histoire Universelle, Livre du Bien et du Mal, Esthétique, Épopée Humaine,* etc.

C'est donc aux chefs, aux conducteurs des peuples à savoir peser les constantes de l'histoire et leurs effets fatals; et à choisir le critérium infaillible qui conduira les nations ; comme c'est à l'individu à bien choisir le critérium infaillible de sa vie !

Charlemagne inconscient fit une grande faute en s'alliant au critérium de la Papauté. Mais il croyait la dominer et la dominait en effet. Napoléon fit une faute mille fois plus grande en contractant la même alliance. Il aurait dû méditer l'expérience du moyen âge né de Charlemagne et des papes, les guerres de la religion nées du Concordat de François Ier. Il eut dû comprendre que les chefs d'État sont incapables de réduire absolument les critériums religieux, quand ils ont une organisation sociale aussi terrible que le catholicisme. La France subit dans ce siècle ce défaut d'intelligence de Napoléon, comme elle subit la conséquence de son égoïsme insensé.

Il n'y a pas de concordat possible de critérium à critérium. L'essence du critérium est d'être absolu et infaillible. Il faut choisir le bon ou l'on est entraîné à l'abîme. Cela est vrai de tous les cultes en tous les temps.

Aujourd'hui voyez les critériums rationaliste et fidéiste

diviser les familles et la nation en France et nous préparer peut-être un sombre avenir.

Voyez en Irlande les concitoyens, catholiques et protestants, en Asie les Indous, Musulmans et Brahmaniques, s'entre-déchirer sous les yeux du tyran exploiteur sans pitié, l'Anglais. Ils oublient l'esclavage pour ne se souvenir que des critériums de leurs fois ! O religions fidéistes, quel engendrement de haines, de guerres, quelle cause de désunion, de mort, n'êtes-vous pas parmi les hommes !

Et vous osez crier partout : « Nous sommes l'union et la paix ! »

L'union, qu'est-ce donc? C'est la totalité des hommes acclamant une même pensée. Êtes-vous cela? Voyez les divisions séculaires infranchissables, irrémédiables, lamentables, implacables, à jamais, que vous causez dans l'univers. Il n'y a qu'une loi d'union parce quelle est absolument vraie, c'est la loi de science.

CHAPITRE IV

Les constantes de l'Histoire.

Des chapitres qui précèdent et de tous les faits exposés par le détail dans notre *Science des Religions*, notre *Histoire Universelle*, notre *Épopée Humaine*, nous relevons donc :

Que le monde est soumis à deux courants : le fidéiste, autoritaire et théocratique ; le rationaliste, indépendant ;

Que le fidéisme théocratique et autocratique ont pour méthode de penser l'obéissance passive de la raison, pour critérium infaillible la parole dite révélée d'abord, puis le dogme qu'en déduisent, logiquement ou non, les papes-rois, les rois-papes, le prêtre ou le chef civil ordonnant en leur nom ;

Que le rationalisme indépendant a pour méthode de penser la liberté de la raison, qui est, à elle-même, son propre critérium infaillible ;

Que la logique de ces deux points de départ enfante des esprits, des mœurs, des états sociaux différents, opposés.

Il en faut donc conclure que les diverses oscillations de l'histoire ne sont rien autre chose que les diverses logiques des critériums dits infaillibles, choisis au commencement des civilisations. C'est cette fatalité logique qui entraîne l'enchaînement des événements dans le bien et dans le mal.

L'histoire se fait donc par le choix du critérium de penser, et par la déduction logique que les siècles en tirent peu à peu et fatalement.

Ainsi nous avons appliqué cette vérité à la France et à la théocratie catholique. Nous avons vu en face l'un de l'autre les Francks, les Français (race rationaliste opposée à l'esprit théocratique des Gaulois), lutter d'abord instinctivement et un peu à tâtons, contre les déchaînements de la puissance théocratique ; puis prendre conscience du motif de la lutte, organiser les notions de la méthode, et arriver enfin à la victoire. Nous y reviendrons plus loin. C'est toute la vie de la France. On dit volontiers la France est un peuple catholique. C'est une erreur ou un mensonge. La France est le peuple rationaliste par essence.

Nous avons vu aussi, et nous y appuierons encore, que la victoire du rationalisme n'était que momentanée, non décisive, parce que s'il est une excellente doctrine de combat contre les fidéismes, il laisse les sociétés sans ordonnance stable, retomber sous les dictatures. L'expérience des mondes Grec et Romain, les multiples expériences du monde Français nous font toucher cette vérité : Que les peuples rationalistes sont happés par les dictatures des Philippe, des Alexandre, des César, des empereurs Romains, des Robespierre, des Napoléon, aussi bien que par la dictature de Jésus et des Papes.

Ce sont là les constantes de l'histoire.

Il reste donc acquis que les constantes de l'histoire sont les courants, les torrents entraînants et dévastateurs de la logique fatale et qu'ils sont engendrés par les critériums. Ce sont les résultantes sociales des méthodes de penser et de leurs critériums acceptés comme infaillibles.

Oui c'est ce petit point intime comme la glande pinéale qu'affirmait Descartes, *le critérium,* qui conduit et organise les sociétés.

Il faut tout considérer ici par cet esprit de finesse uni à cet esprit de logique dont parle Pascal, et qui fait découvrir les raisons de derrière la tête. Non que nous jouions au fin du fin, car tout ce que nous avançons se trouve brutalement tangible dans tous les faits que l'histoire nous présente expérimentalement. Mais de même que l'invisible vipereau spermatique mâle organise la vie et l'être entier dans la matrice de la femme, ainsi cet imperceptible, le critérium, organise l'existence de tous les développements sociaux, et par conséquent engendre toutes les traînées de l'histoire. Il faut que l'esprit qui veut pénétrer soit bien en situation ; il faut donc se recueillir, méditer et ne rien laisser passer.

II. — Donc il y a en résumé trois constantes de l'histoire :

Une naturelle qui fait la vie universelle et qui permet à l'animal, à tout homme, l'ignorant ou le savant de satisfaire aux besoins de son existence. C'est la cause secrète et fondamentale par qui tout est obéissance aux faits. C'est la méthode native, c'est le Fait accepté (sans le savoir) pour le seul critérium infaillible des opérations. C'est la méthode à l'état réflexe, j'ose le dire. Ainsi la méthode naturelle impose à l'animal, à l'homme de satisfaire la faim par l'aliment ; et les mouvements réflexes accomplissent l'acte commencé par la méthode réflexe.

Cette constante marche mystérieusement, en effet, dans le monde, comme les actions réflexes dans les organismes. L'univers lui doit de continuer d'être. Chaque être lui doit sa vie. L'histoire lui doit elle-même beaucoup plus qu'on ne peut penser. Car au fond, c'est cette force secrète qui, tacitement, empêche les excès des fidéismes et des rationalismes d'être pour les sociétés un cataclysme irrémédiable, universel ! Quand le fidéisme et le rationalisme ont tué les nations civilisées, c'est elle qui reprend vigueur par des peuples plus près de la nature.

Les deux autres constantes sont non plus naturelles et universelles, comme nous avons pu le voir, mais partielles et humaines. Leur caractère spécifique est d'être personnelles à l'homme, chef religieux, chef civil, chef guerrier, ou à l'homme individu.

Ces deux constantes sont celles qui régissent apertement l'esprit et l'organisation des sociétés, l'esprit et la conduite des individus.

La première donne et assure la vie universelle. Les deux autres (croit-on faussement) assurent la vie des intelligences et des sociétés. Les hommes se trompent en l'espérant ; leur esprit s'égare, tombe à l'absurde et à l'odieux ; leurs sociétés meurent.

Pour retrouver la vie et lui donner son ordre vrai, il faut que les hommes répudient les deux constantes historiques de leur invention, et qu'ils recourent à la constante universelle, qui est le processus méthodique de la nature elle-même. Nous verrons plus loin comment ils y peuvent arriver.

Il faut, en un mot, que la méthode réflexe, devenant la méthode scientifique, corrige les écarts inconsidérés et dangereux des méthodes voulues ! Il faut que la méthode réflexe, devenue scientifique, devienne pour tous consciente, voulue, et remplace les méthodes arbitraires des volontés ignorantes ! On voit que nous ne demandons à l'esprit humain que de se pénétrer davantage des lois naturelles et d'oublier les lois factices qui les lui cachent ! Nous agissons donc comme la science elle-même et comme elle seule peut agir !

Le critérium c'est l'aiguilleur de l'humanité. C'est lui qui la lance sur la voie des catastrophes ou sur la bonne ligne. Il faut que la science trouve le critérium qui mettra l'homme sur le rail de l'infini.

Nous approfondirons plus loin le moyen de rompre avec l'antique cercle vicieux des temps. Mais affirmons ici déjà que ce qu'il faut pour y arriver c'est recourir à cette rénovation de la méthode, c'est faire une science exacte, qui ait un critérium impersonnel comme la science même, pour remplacer les critériums personnels des fidéismes théocratiques et des rationalismes. Nous montrerons que la France a donné cette méthode depuis trente ans, et qu'il ne reste qu'à en inculquer l'esprit par l'éducation.

Ainsi nous voyons déjà le but que nous atteindrons : La loi de l'histoire pourra être accomplie. Le critérium scientifique fera succéder l'ère des sociétés de science à celle des sociétés de Fois et des systèmes individuels, ce qui est encore la foi. Les critériums fidéistes et rationalistes se résoudront dans le critérium scientifique impersonnel !

Il faut que le critérium soit impersonnel à l'homme, à tout homme, ou l'humanité reste en réalité sans critérium ! C'est ce qui a toujours été ! C'est ce que la science de la méthode peut seule faire cesser !

Nous serons ainsi d'accord avec la loi de la méthode naturelle et réflexe. C'est un axiome scientifique que l'homme paie toujours ses attentats aux lois de la nature. Revenons-y donc, chers hommes, pour la question mère, celle qui seule peut fixer la base et l'orientation de la pensée, des consciences et des sociétés.

⚜

CHAPITRE V

Que les constantes de l'Histoire se pratiquent toujours parce que toujours on trouve des hommes pour les appliquer.

I. — On dira : « Mais tout cela c'est de la pure logique. Ce n'est pas la vie. Il y a un moment où l'homme s'arrête. Il y a un bon sens qui établit l'équilibre. »

Fausse et dangereuse sagesse ! Les esprits à demi-mesure l'ont, en vivent. Le petit train des petites existences se passe ainsi. La vie des hommes à fortes idées, à grandes passions, à grands vices, à grandes vertus, l'existence totale de l'humanité, la vie de l'histoire, en un mot, s'accomplissent tout autrement. C'est une logique débridée qui va, tantôt comme un cheval emporté, tantôt lentement comme ces machines d'acier à couper le fer, guillotine terrible et placide qui s'avance, entre dans le métal comme dans une graisse, se relève, et recommence pendant des siècles jusqu'à anéantissement. Il y a des soubresauts, des arrêts, des suites dans cette logique ; mais quelle que soit sa marche elle arrive, fatale, à l'extrême. Et partout, toujours, au moment marqué, elle trouve les hommes qu'il faut pour toucher au bout de l'absurdité et de l'horreur !

Est-ce que jamais la terre a manqué de logiciens idiots ? Est-ce que jamais le monde a manqué de bourreaux ? C'est l'absurdité et l'horreur. Est-ce que le moi de Protagoras n'a pas été le critérium infaillible ? Est-ce que l'organisme de Comte né l'est pas ? Voilà l'absurde. Est-ce que le génie fidéiste de Bossuet ne s'est pas abaissé jusqu'à l'inspiration et la complicité des Dragonnades ? Voilà l'horreur. Est-ce que le rationalisme n'a pas abouti à l'idiotisme de la sophistique, et le fidéisme chrétien à l'idiotisme de la scolastique ? Voilà l'absurde. Est-ce que le fidéisme, qui paraît si innocent, de Rousseau, n'aboutit pas à décréter la peine de mort contre qui abandonne la religion philosophique de la cité ? Voilà l'horreur. Est-ce que l'identité du bien et du mal, du néant et de l'être, du Dieu et de l'homme de Hégel n'est pas encore admise par des hommes instruits ? Voilà l'absurde. Est-ce que Robespierre n'a pas poussé la logique du système rationaliste personnel jusqu'au massacre de ses camarades d'enfance, de ses amis, de tous les hommes utiles, indispensables à la liberté, à la grandeur de la France ? Voilà l'horreur ! Est-ce que le moi point de départ de la pensée pour Descartes ne va pas au moi seule existence certaine de Fichte, au moi-Dieu prenant conscience du monde de Hégel ? Voilà l'absurde ! Est-ce que nous ne voyons pas le fidéiste-athée Bismarck, pour réaliser le rêve d'un empire Prussien papal, universel, assassiner en Bavière, en Russie, en Autriche, en Suisse, en Belgique, en France ? Est-ce que nous ne voyons pas la Prusse parler de Dieu comme le papisme inquisitorial et comme lui préparer par l'espionnage la guerre de l'assassinat ? Voilà l'horreur !

L'absurde et l'horrible nous étreignent de tous côtés. Et les esprits mitoyens veulent couper la vie à la petite portée de leurs demi-mesures ! En croyant être les sages ils sont les fous ! Leur prétendue modération est myopie. Ils préparent, sans comprendre, la mort de la vérité, de la liberté, la mort de l'influence intellectuelle de la France, la mort de la France elle-même. A l'absolu du vice et du faux, il faut opposer l'absolu de la vérité, de la vertu, de la prévoyance. Il faut la pondération scientifique par la méthode faite science pour enrayer tous les débridements insensés de tous les fidéismes sans exception, de tous les rationalismes sans exception.

⚜

CHAPITRE VI

Comment procèdent les constantes de l'Histoire.

Les constantes de l'histoire procèdent ainsi : Tout part du critérium infaillible accepté ; de là tout se développe par une logique fatale, que nous suivrons, que nous analyserons sous tous ses aspects.

Cette marche se poursuit jusqu'à ce que l'expérimentation complète du critérium choisi en démontre l'absurdité et l'horreur ! Cette épreuve se fait dans les deux constantes et dans leurs subdivisions spéciales ; cela sans manque !

Longue est cette épreuve expérimentale dans le temps. Elle occupe plus que la vie d'un peuple souvent. Elle tient une civilisation entière. Il faut, pour la suivre, l'analyser avec la vue synthétique du point source et du point d'arrivée. Ainsi Bysance, le moyen âge européen, l'Italie, l'Espagne, la Pologne sont morts sous les théories du fidéisme chrétien et cependant par des revirements habiles et des emprunts au rationalisme, le fidéisme dure encore.

C'est la loi générale. Mais cette loi est mise en œuvre et corroborée par une loi particulière, à savoir : Que tout peuple, tout homme durant cette évolution du critérium dans les âges, est la représentation presque mathématique, mais vivante et active d'un des points logiques de ce critérium. Analysons par quelque exemple pour clarté :

Les saints du christianisme sont l'acceptation primitive du critérium de la révélation. Ils ne voient qu'elle et n'en tirent pas les conséquences logiques pour les sociétés. Ce sont des moralistes, des isolés. Mais ces conséquences vont se tirer peu à peu : Le christianisme s'impose socialement. Imposé, il a des contradicteurs. Il les condamne par la réprobation spirituelle (pas toujours pourtant, témoin la mort inquisitoriale d'Ananie et Zaphire). Mais cette réprobation spirituelle est bientôt insuffisante. La condamnation matérielle se dresse. Mais cette condamnation matérielle, il la faut organisée pour qu'elle soit efficace. Viennent les guerres inquisitoriales. Mais les rois se lassent, résistent. Il faut une organisation sans intermittence et les guerres sont intermittentes ! On confisque donc le droit de juger chez les peuples, on établit un tribunal à soi. Quel ? L'inquisition !

Voilà la logique pratique, pratiquée dans le passé et qui sera toujours fatalement pratiquée par toute église assez fortement constituée pour s'arroger le pouvoir. C'est la logique du critérium révélation pris pour juge infaillible de la pensée humaine. Nous pourrons la développer davantage dans toutes ses tirées fatales. Cette logique répond à la constante fidéiste de l'histoire partout, en tout temps, quel que soit le culte, le Dieu, le prophète. Les moyens peuvent varier, la suite est la même au fond.

Mais cette loi de logique générale n'est mise en action

que par cette loi particulière qu'il va exister des hommes, des peuples, dont la pensée va être la représentation vivante d'un des points logiques de la loi générale. Vérifions.

Nous avons dit : Les saints ouvrent le christianisme, comme d'ailleurs toutes les fois, c'est l'époque du pur don de soi. Ces saints ce sont les individualités dont les noms remplissent presque tout le calendrier ; inutile que je les nomme. Ils sont le premier degré logique de l'acceptation du critérium prophète, fils de Dieu, ici Jésus. Mais les saints ne tardent pas à disparaître. On s'en étonne ; rien de plus simple : ils correspondent à la première phase des fois qui est surtout morale. Les complications sociales donnent un autre cours à la pensée. Le christianisme est fort, il s'impose par les pères de l'Église, les discoureurs éloquents, par les Constantin, les empereurs. L'évêque Idace et les autres condamnent. Les papes concentrent en eux seuls le pouvoir de condamner ; Grégoire VII est le représentant de cette phase. Ils font les guerres inquisitoriales. Innocent débride la logique dans les massacres inquisitoriaux de Simon de Montfort et tant d'autres, sans nombre ! Mais il faut la répression directe, continue ; les Dominique sous les Innocent suscitent l'inquisition, dont l'empereur allemand Frédéric fait le premier code avec le pape, dont les moines de tous les ordres, les évêques représentent tous les degrés, depuis l'indulgence jusqu'à l'implacabilité absolue, de tel Fénélon pacifique à Torquemada, à l'allemand Springer, l'auteur du dernier code de l'inquisition, qui enchérit encore sur ceux du passé.

Et tous les degrés de la logique inquisitoriale seront représentés non seulement par des individus, mais par des peuples. L'Espagne ici est le premier et le dernier pas de l'inquisition. Un peuple qui arrive à aimer ce crime, à s'identifier à lui ! La perversion morale d'une nation entière ! Vit-on conséquence plus effroyable d'horreur !

Les Grands se faisaient gloire d'appartenir à l'Inquisition ! Qu'était-ce des petits !

Voulez-vous voir marcher les suites du critérium rationaliste en regard de celles du critérium fidéiste ? Vous verrez qu'on n'arrête jamais la logique, qu'elle se fait vie, qu'elle se fait homme, qu'elle se fait peuple. Vous avez vu ce que devint l'Espagne par le fidéisme et à quel abâtardissement elle est descendue ; voyez ici à quelle grandeur, à quelle hauteur d'âme et à quelle chute est arrivée la France par le rationalisme. Vous pourriez prendre aussi bien l'exemple dans l'antiquité rationaliste, dans la Grèce (je l'ai montré dans la *Pallas des Peuples*), le résultat serait le même. Soit donc l'exemple déjà choisi du critérium rationaliste de la loi salique : « Chercher la clef de la science et la justice selon sa raison. » On peut à bon droit s'étonner de rencontrer un si superbe critérium dans un peuple encore barbare. C'est l'instinct droit d'une race droite. Mais dans ces âges d'ignorance et de passions quelles ne vont pas être les fluctuations auxquelles il sera soumis ! Nous l'avons vu plus haut s'effacer sous la féodalité.

Combien de fois encore ne sera-t-il pas obscurci, faussé, avant qu'il ait pu prendre conscience entière de lui-même et se poser enfin en seul directeur de la pensée et des sociétés ! Ce sera toute l'histoire de la France !

Des hommes supérieurs, des génies, chercheront d'instinct à l'appliquer, sans qu'ils sachent d'où vient l'impulsion logique qui les fait agir. Rien d'étonnant ; les hommes ignorent encore qu'ils sont des machines logiques, des pions des diverses phases qu'implique le développement d'un critérium infaillible !

Charlemagne est un des plus grands représentants instinctifs de notre critérium de justice et de raison. Tout le mouvement de la première renaissance est opéré par la France seule et représenté par les chevaliers du peuple, par Abeylar, sa philosophie et son idée religieuse, les communes et leurs libertés, les doctrines des Vaudois et Albigeois, les Franc-Maçons. Cette indépendance est une des phases les plus nobles et les plus puissantes de l'action instinctive du critérium de la raison.

La lutte ici s'accentue directe entre le critérium fidéiste et le rationaliste. Aux Abeylar répondent les Bernard, les Dominique, les Innocent, l'empereur Frédéric d'Allemagne. Le critérium rationaliste est vaincu par le critérium fidéiste et ses inquisitions. C'est si bien là le fond de la bataille, que c'est à la France rationaliste que les papes imposent tout d'abord l'inquisition, qui d'ailleurs en fut bientôt chassée et s'abattit sur l'Espagne, l'Italie et l'Allemagne. La revanche de Philippe le Bel, que l'on n'a pas comprise jusqu'ici, la seconde renaissance reproduisant l'esprit de la première, ne suffisent pas pour que le critérium rationaliste l'emporte. Il faudra attendre Descartes.

A partir de ce jour la logique consciente du critérium rationaliste, non plus instinctif, mais ayant pleine connaissance de lui-même va se déchaîner. Cette conscience de soi le rend tellement fort qu'il a déjà vaincu le critérium fidéiste en principe. Tout ce qui pense n'obéira qu'au critérium rationaliste. Toute la civilisation de proche en proche va changer ; les arts vont changer ; la philosophie va changer ; la science va changer, parce que l'orientation de la pensée par le critérium infaillible a changé. Le monde est refait. La conversion s'opère. Conversion c'est cela précisément : Le changement de critérium.

Or des hommes (vous les connaissez tous, bien que nous n'en nommions que quelques-uns), sont les acteurs, les facteurs de ces grands mouvements qu'ils poussent, hâtent, retardent, selon que leur esprit est la représentation de telle ou telle phase logique du développement ou de la négation du critérium reconnu comme infaillible. Vous pouvez mettre le nom de chacun d'eux sur ces événements et sur ces phases logiques, ce qui est tout un. Ainsi l'Académie est un concile laïque élevé par Richelieu en face du concile du catholicisme. Ainsi Philippe le Bel, Henri IV, Richelieu, Colbert, commencent l'application du critérium rationaliste à la direction générale des nations. La Révolution en proclamera les premiers principes scientifiques, après Voltaire, Montesquieu et nos philosophes du xviiie siècle. La science, la philosophie, ne marcheront pas désormais les yeux fixés sur le critérium Jésus. Elles ne s'en occuperont plus. Elles ne relèveront que de la raison. Cela passe notre frontière et désormais ce sera l'état du monde.

Et la philosophie de chacun des peuples européens représentera une des phases logiques du développement du critérium infaillible de la raison. Les uns cyniques débrideront la logique à outrance. Les autres la contiendront par terreur des abîmes d'absurdité où ils se sentent entraînés, trop honnêtes, trop vrais pour consentir à l'absurde et à l'horrible, qui sont la fin du critérium rationaliste comme la fin du critérium fidéiste !

Oui toutes ces phases sont représentées par des noms d'hommes. Ce sont des pensées d'hommes qui les ont exprimées ou causées. C'est Descartes, Pascal, Malebranche, Spinoza, Leibniz, Newton, Montesquieu, Voltaire, Rousseau, Diderot, Helvétius, Buffon, La Place, La Mark, Condorcet, Condillac, Locke, Cousin, Lamennais, Kant, Hégel, Comte.

Les luttes auxquelles nous assistons depuis la Révolution sont encore les batailles antiques des deux critériums fidéiste et rationaliste, toujours aux prises depuis l'aurore des temps védiques, en passant par l'Inde, l'Egypte, la Grèce, Rome, la France ! Les hommes timides, les mitigés, les absolus, les honnêtes, les infâmes, les pratiques, les rêveurs, les aveugles, les clairvoyants jouent en tout cela chacun son rôle, chacun sa note, en cette cacophonie gigantesque de la bataille des méthodes, en ce dramatique charivari des tirées logiques de chacun des critériums infaillibles! Ces mitigés, ces modérés, ces absolus nous en avons nommé quelques-uns vous nommerez vous-mêmes les autres.

Oui chacun des événements des empires n'est que cela : Une phase appliquée de la logique du critérium dit infaillible. On se copie moins qu'on ne le croit. Les hommes produisent des faits analogues, parce qu'ils sont conduits par les mêmes critériums absolus, enserrés dans les mêmes conséquences.

Oui, toujours, il se trouve au moment voulu par la logique extrême, des hommes extrêmes, pour tirer les conséquences extrêmes de l'absurde et de l'infâme, qui sont la dernière phase fatale des critériums infaillibles faux, comme sont tous ceux des fidéismes et des rationalismes !

On a beau vouloir ralentir la logique, comme Condillac et son école, comme Cousin et ses disciples, il vient, après ou à côté d'eux, des hommes qui, comme Hégel ou Comte, lancent le dernier mot : Le critérium de la raison revient au moi, à l'organisme. Protagoras n'est pas copié ; il est fatalement revenu, et rien ne pouvait l'empêcher.

Il aurait fallu changer le critérium pour entraver la logique. C'est ce que je viens faire par la méthode de l'impersonnalisme, science-faite, ayant le critérium scientifique et impersonnel. Et ne l'oubliez jamais, chers hommes, il n'y a pas d'autre moyen.

Si vous refusez, vous retomberez toujours dans l'*eterno ricorso* de Vico. On a beau empêcher le critérium fidéiste de punir, le rappeler à l'indulgence ; vient à l'heure de la logique fatale un Innocent III, un Frédéric, un Dominique, un Torquemada, un Springer ! Toute théocratie implique ces individualités ! Elle implique les répressions, les guerres, les inquisitions de quelque nom qu'on les revête. C'est la fin fatale de tous les fidéismes arrivés au pouvoir. Les plus petites et innocentes sectes ont ce virus dans le sang.

De même à l'heure finale des rationalismes, quand l'individualisme a tout pulvérisé, tout réduit à l'impuissance, se lèvent les derniers représentants de cet individualisme rationaliste qui, contractant tous les *moi* dans leur *moi*, recommencent les infamies des inquisitions pour leur compte personnel et dictatorial.

Voilà les constantes de l'histoire en actes, c'est-à-dire en folies, en meurtres ! Leur logique dévore comme Civa et Moloch ! Encore un coup c'est la fatalité de tout critérium dit infaillible, quand il est laissé à l'homme. Ce sont les hommes, les pensées et les cœurs des hommes qui représentent mathématiquement chacune des phases les plus infinitésimales du développement de ces critériums et les mettent en œuvre ! Et chacun des critériums infaillibles combat les autres, crée des institutions propres, des intérêts opposés ! En sorte que le premier principe conducteur des hommes et de leurs batailles est l'adoption qui paraît si innocente d'un critérium reconnu pour infaillible !

O chères femmes, méditez ; méditez, chers hommes !

CHAPITRE VII

Les deux constantes humaines de l'Histoire aboutissent à la démoralisation.

Nous avons vu vivre la fatalité logique des critériums enfantant les constantes de l'histoire.

Certes les livres des hommes gardent le souvenir de

personnalités, de peuples, de haute valeur morale, mais regardez autour de vous : toutes les nations sont dans l'hébêtement de l'immortalité. C'est que nous sommes acculés au bout de la logique des fidéismes et des rationalismes et que l'homme a fini par n'avoir plus que la sensation pour juge et l'organisme pour critérium. La logique du critérium est l'étau qui vous broie en vous traînant.

Doutez-vous encore de sa puissance universelle ? Voyez profondément : Qu'est-ce que Manou, Zoroastre, Bouddha, Moïse, Jésus, Mahomet ? Les juges infaillibles, c'est-à-dire les critériums de pensée et d'existence individuelle et sociale, par leur révélation et par leurs représentants, prêtres, empereurs, sultans, rois, armées à leur solde. Ils ont composé des aggrégats fidéistes, incapables à jamais de créer l'unité humaine, et qui, au contraire, perpétuent les aheurtements fanatiques de leurs groupes prêts à mourir et à tuer pour leur foi.

La vie de chacun de ces hommes Indous, Persans, Thibitains, Chinois, Assyriens, Juifs, Chrétiens, Musulmans, qui croient à ces critériums infaillibles est saisie dans l'étau inflexible de leur infaillibilité. De la naissance à la mort ils sont tenus à bride serrée, dans la caste infranchissable, dans des rites, dans des cérémonies, des divisions du temps, des sacrements, des obligations publiques et privées ! Ce n'est rien : ils sont liés dans le for intime de leur être, même quand ils sont seuls ils ne peuvent penser que ce qu'on leur permet, juste ou non ! Les brebis de la passivité subissent ! Les tigres de l'obéissance se déchaînent ! Est-ce dans un seul lieu, dans un seul temps ? Non. C'est partout, dans tous les lieux, dans tous les âges, dans toutes les fois !

Ils peuvent être honnêtes, s'ils croient ; ils ne le sont plus s'ils ne croient pas ! Or, de nos jours bien peu croient. Bien peu cherchent la seule morale. Ils obéissent au seul intérêt de leur église, foulant toute justice. C'est ce qu'ont fait les papes, les rois et les individus politiques, les Dominique, les tueurs de guerres dites saintes, les bourreaux de toute sorte.

Accorder son propre intérêt avec celui de son église c'est la grande étude des mieux intentionnés. Que sort-il de là ? Des âmes plates. Ce prêtre, cet homme, cette femme éliminent de leur foi dogmatique tout ce qui les gêne ou tout ce qu'ils considèrent comme étant faux et abusif, mais ils ne continuent pas moins de jouir des prébendes, faveurs, absolutions, considération mondaine, pouvoir, que donne l'acquiescement complet à leur foi. Est-ce honnête ? Non. Un cœur de loyauté crierait : Je vous délaisse car vous n'êtes pas la vérité. Il ferait comme a fait le père Hyacinthe, monté à l'apogée des gloires catholiques par son éloquence, et quittant tout parce qu'il ne croit pas. En face de ce fort et haut caractère combien de lâches mondains, combien de lâches clergés de toutes les Fois ? Ils sont zélés catholiques, protestants, israélites, musulmans, etc. Cela tache les Fénelon, les Vincent de Paul, tous les saints.

Aussi notre temps nous présente l'immoralité du monde moral. Ce fier à bras toujours sur le pré ; c'est simplement un bravo de plume, un assassin à gages comme en avait jadis l'église. Il est catholique zélé.

Ce père de famille force sa femme (lâche qui consent), à lui livrer la fortune de ses enfants. Il jouit ; les fait tomber d'une grande position à une situation servile, tout en ruinant ses frères, ses amis et le reste. Il est catholique zélé.

A l'instigation de son mari, cette sœur (lâche qui consent), refuse un léger service à son frère qui jamais ne lui en demanda et détermine par là l'impossibilité d'accomplir son œuvre et cause le désespoir qui le tue. Elle est catholique zélée.

Ce savant qui a été athée toute sa vie, confie son fils aux jésuites qui faussent l'âme, mais font arriver. Il a peur de la République, demande le principe d'autorité à la foi qu'il nie, se fait catholique zélé avec minutieuse profession de foi.

C'est l'alliance du critérium *Moi* avec le critérium *Foi*, que ces gens-là croient assez fort pour les protéger et les grandir. Les quelques préceptes moraux que Jésus a hérités de Bouddha, Zoroastre, Manou, et qu'ont presque toutes les religions et les philosophies, ne sont rien pour eux. Lâches, jouisseurs, orgueilleux, ils ne voient qu'une chose c'est que l'Église contient une force qui les aidera à jouir ! Quel fond d'âme ! Quelle probité auront ces hommes dans l'amour, dans les relations sociales, eux qui n'en ont pas dans ce qui est le for du cœur ! Leur critérium c'est le moi, l'intérêt, la force. Bêtes de proie ! Ils s'arrangent de façon à loger leur *moi* critérium sous l'aile d'un critérium absolu respecté des hommes et dont ils comptent tirer profit. Ils se font esclaves pour avoir des esclaves. La bassesse d'âme des fidéistes est insondable !

Des peuples entiers sont comme ces hommes. Voyez ces déshonneurs de l'idéal Arya : la Prusse, l'Angleterre. Entendez-les prononcer le nom de Dieu. Ils sont athées. Mais Dieu est un mot qui sert les intérêts, aveugle les faibles, les souffrants, les bons cœurs. Leurs églises sont les avant-gardes de leurs brigandages. Ils mettent leur moi assassin sous la protection de l'éternité. Les voleurs d'Italie font des exvotos. Menteurs pour être dominateurs, vils pour être forts.

Il y a donc dans les églises des critériums tout autres que le critérium moral ! L'intérêt du prêtre-roi, du roi-prêtre, du peuple ambitieux, avare et cruel, l'intérêt des individus qui se font esclaves du prêtre-roi, du roi-prêtre pour avoir, par leur bassesse, quelques miettes du festin.

Cette complexité, cette duplicité des critériums est, nous l'avons montré, facile à analyser. Quand on les a précisées, on les voit agir nettement, même chez ceux qui mêlent à leur *moi* critérium des superstitions de leur foi.

II. — Si d'un autre côté vous regardez vivre les individus et les peuples qui ont rejeté tout critérium de foi et n'ont que le rationalisme pur, vous verrez encore la morale disparaître. Aristophane nous a montré Athène ; le droit stoïcien nous a fait toucher les bassesses de Rome ; nos auteurs nous mettent à nu toutes les défaillances morales des hommes de nos jours qui ne voient que le développement de leur *moi* et sa joie, et n'ont que l'organisme pour critérium.

Et aucun des critériums rationalistes ne suffira pour relever notre temps de cette chute dans le soi-même. On aura beau crier le barbarisme : altruisme, empêchera-t-on que le critérium véritable ne soit la sensation de l'organisme ? Par conséquent on ne pourra jamais sortir de son *moi*. Notre temps est, malgré toute sa bonne volonté, condamné à sombrer dans le plus profond et le plus plat égoïsme. Pour être l'homme du dévouement aux autres, à l'idée, à la grande œuvre, à l'humanité, il faut avoir le critère impersonnel. C'est la base *sine quâ non*. Le *moi* ne peut aboutir qu'à l'égoïsme. La logique fatale y traîne le mieux intentionné. On ne sort du moi que par le critère impersonnel. C'est la base scientifique du bien pour mener au vrai.

Ainsi la vie des hommes et des peuples est une machine à engrenages, où chaque critérium commande une roue et où tous les critériums accumulés entraînent l'homme, le peuple qui s'y sont laissés prendre le bout du doigt. Ils sont happés, broyés. La foi les abrutit ; le moi les gangrène.

Si vous regardez vivre un homme, un peuple, qui ont pour critérium le raisonnement, vous les verrez discutaillant de tout et à tout propos. Leur art sera cette manie de raisonner sans fin qui est la sophistique, qui dépare jusqu'à Socrate et Platon et aboutit à Protagoras.

Si vous regardez vivre un homme ou un peuple, qui a pour critérium l'évidence, il lira, entendra une phrase, conclura de sentiment, d'émotion, de fantaisie. Dans ces jugements il n'aura qu'un mot : cela me plaît, me charme, correspond à mon goût, mon besoin, mon sentiment ; la preuve que cet objet est beau, c'est que je le voudrais à moi. Son art sera un goût puéril de la forme, de mots, de touches à effet, qui auront la prétention de tout dire et ne donneront qu'une surface.

Si vous regardez vivre un homme ou un peuple, qui a pour critérium la conscience, il se fera une petite morale c'est-à-dire une petite justice à la mesure de son esprit, de ses intérêts, de ses passions, de ses désirs, de ses vices ! Avili par tous ses actes, il se croira et se dira le plus honnête des hommes et des peuples. La conscience qu'on croit être un relèvement de l'homme est souvent un abaissement.

Si vous regardez vivre un homme, un peuple, qui a pour critérium l'expérience, vous les verrez habiles observateurs des choses de matière, s'y perdre, s'y enfoncer, s'y avilir. L'art deviendra matériellement précis, mais perdra toute hauteur de conception comme l'âme humaine ! — La Justice ! Mais l'homme n'a pas trouvé cela dans son creuset, dans ses éprouvettes, sous son scalpel !

Tous ces critériums rationalistes se compliquent l'un par l'autre. Aussi, passé l'objet expérimentable, l'expérimentateur n'est plus qu'un évidentiste, subjectiviste déchaîné. La conscience, l'évidence, le moi, le sentiment lui servent de critérium où l'expérience n'atteint pas. La pauvre conscience, traînée par la matière, ne croit plus que la matière et l'organisme. La conscience, l'évidence, le sentiment sont des critériums qui subissent des influences de tous côtés sans jamais se fixer. Ils n'ont pas

de point d'appui. Et la justice alors que devient-elle ?
La Force. On ne doit pas obéissance aux lois, aux supérieurs parce qu'ils sont justes mais parce qu'ils sont forts.
Alors s'ouvre l'infernale criminalité.

Qu'on le voie : Le critérium est l'intime d'un homme, d'un peuple. C'est le cœur, c'est l'idéal. Mais ce cœur est en même temps le drapeau et l'enseigne. Qui voit l'enseigne vraie voit le cœur.

Aussi hommes et peuples emploient une grande habileté à cacher leur cœur, leur critérium par une fausse enseigne. La théocratie catholique, la théocratie protestante, les rois, les peuples du mal mettent toujours leur enseigne sous leur manteau d'or, arborent un pavillon étranger, cachent leur véritable critérium. Entendez-les ; tous crient : Dieu ! Dieu et Jésus disent les papes. Et leur critère est l'intérêt des églises. Dieu est mon droit, dit l'Angleterre, et elle agit sans droit, contre tout droit et contre la justice de Dieu. Notre Dieu, dit la Prusse, et elle prépare la guerre d'assassinat par l'espionnage. Ces lèvres sont stupéfaites de prononcer ce nom, autant que le monde est stupéfait et indigné de l'entendre dans de telles bouches. La généreuse France seule dit : Chercher la justice par sa raison. Loyalement elle la voudrait mettre en pratique, malgré les obstacles intérieurs et extérieurs. Mais elle n'est que rationaliste et le rêve tourmente personnel bien des têtes.

Ah ! si la bataille des critériums était finie, mais ce serait la paix universelle ! Impossible rêve ! Le critérium unifié dans la science, devenant scientifique et impersonnel, sera le plus grand amoindrissement possible des songes, des superstitions, des mensonges, des vices, des chocs humains, donc le plus grand octroyeur de paix.

On voit de quel intérêt profond sont la connaissance, la science, la pratique du vrai critérium infaillible. La certitude qu'il ne se trouve dans aucune des deux constantes de l'histoire que nous venons d'analyser, doit nous donner l'ardeur pour approfondir la science de la méthode.

C'est le gage non seulement du savoir et de la vérité dans les esprits, mais c'est encore le gage de la loyauté de tous les cœurs et de la paix entre les hommes, autant du moins qu'on la peut espérer ! La paix absolue n'est pas de ce monde où rien d'absolu n'existe. Mais au moins est-on en droit de penser que le critérium infaillible vrai étant trouvé, étant enseigné à tous les hommes, l'ère des trahisons et des batailles sans fin des critériums des fidéistes et rationalistes serait fermée. Nous ne subirions plus l'*eterno ricorso* de Vico. Nous serions en droit de croire à une progression scientifique universelle qui amènerait avec elle tous les apaisements dont la nature humaine est susceptible ! Et, je le dis, ces apaisements seraient beaucoup plus grands que ne peuvent le faire penser les états sociaux si épouvantables que les fidéismes et les rationalismes nous ont donnés jusqu'ici, et que l'histoire nous a montrés chez tous les peuples de l'univers.

DEUXIÈME PARTIE

LA LOI DE L'HISTOIRE

CHAPITRE Ier.

La Loi de l'Histoire.

I. — Il est temps de conclure cette loi de l'histoire que nous avons vu fonctionner par les synthèses observées et expérimentées qui précèdent, mais que nous allons développer encore, car il ne faut laisser aucun doute, quand on affirme une loi. Je renvoie d'ailleurs à l'*Histoire Universelle*, à la *Science des Religions*, à l'*Épopée Humaine*, etc.

Rendons-nous compte d'abord de ce que c'est qu'un fait. C'est un rapport et c'est tous les rapports. Or, comme tout est rapport, il s'ensuit que le fait est la divisibilité préhensible par l'esprit du tout de l'immanence universelle, choses, êtres, nombres, idées.

Il y a deux sortes de rapports : les contingents et les absolus. Donc il y a deux sortes de faits : les Faits proprement dits et les lois, faits d'ordre supérieur.

Ces deux sortes de rapports se retrouvent dans tous les ordres de sciences et dans tous les faits de l'immanence universelle, à savoir : les faits matériels, les numériques, les antinomiques.

Ceci posé, comment s'opère le développement des notions, des existences, des êtres ? Fait à fait.

Tout fait dès qu'il est prouvé existant est certain. C'est un axiome de science. Le fait enferme donc en lui la certitude.

Or, qu'est-ce avoir en soi la certitude ? C'est être le communicateur de certitude ; donc le critérium réellement infaillible.

II. — La nature ne procédant que fait à fait, on peut dire qu'elle attribue le critérium au fait. C'est de fait en fait que s'accomplit toute la vie physico-chimique des choses et des êtres organisés. C'est de rapport en rapport, de fait en fait, que s'accomplit tout le développement logique, mathématique et antinomique. Voir *Ultimum Organum, Méthode Générale, Point de Départ de la Pensée*.

L'animal par sa docilité naturelle aux faits, se trouve avoir le même critérium que la nature elle-même, c'est ce qui lui donne cette sûreté étrange, l'instinct.

L'homme primitif, animalement ou inconsciemment si l'on veut, suit plus ou moins longtemps cette méthode naturelle et impersonnelle de la docilité aux faits. Par là il apprend la vie, et, comme l'animal, le sauvage arrive à des sûretés prodigieuses, que nous ne pouvons plus nommer l'instinct seulement, qui sont l'intelligence prenant naïvement pour directeur infaillible le fait. On peut dire des sauvages qu'ils sont plus complets souvent que nos paysans abêtis par un travail unique.

Les Aryas, nous l'avons dit, sont ceux qui ont suivi et poussé le plus loin cette méthode impersonnelle. Ils l'ont appliquée assez longtemps pour pouvoir instituer une religion, qui est l'âme des plus hautes hypothèses religieuses élevées dans l'humanité et de celles même que la science certifie aujourd'hui. Ils ont par là déterminé une civilisation, dont le souvenir a été appelé l'âge d'or. C'est simplement le patriarcat primitif du Véda.

Mais là s'arrête l'exercice de cette méthode naturelle et impersonnelle de l'infaillibilité du fait dans le développement de l'humanité. A partir de ce moment, on ne la voit fonctionner que pour la partie automatique de l'homme, parce qu'il est impossible ici d'en annihiler l'exercice fatal, pas plus qu'il n'est possible d'empêcher les actes réflexes des organismes.

La méthode naturelle et impersonnelle du *Fait critérium infaillible* est alors remplacée par les méthodes voulues et personnelles à l'homme, qui attribuent l'infaillibilité, c'est-à-dire le critérium, tantôt à certaines individualités comme le sorcier, le prophète, le prêtre, le roi, tantôt à toutes les individualités et à la raison de chaque homme.

A dater de cette heure tout devient artificiel sous les critériums artificiels, par l'exercice de ces infaillibilités artificielles, de ces méthodes artificielles, qui se résument dans ces deux noms : Les fidéismes et les rationalismes.

Comment s'opère ce désastreux changement et pourquoi ?

Parce que l'homme ignorant ne peut plus, quand les rapports des sociétés se compliquent, suivre la méthode naturelle impersonnelle, dont il ne se rend nul compte, et qu'il n'a pratiquée qu'inconsciemment. Les mouvements réflexes ne suffisent pas à la vie organique animale, il y faut les mouvements voulus. Dès lors l'homme prend des décisions personnelles, avant d'avoir complètement approfondi les *faits*, qui seuls le doivent déterminer. Celui qui n'a pas une étude suffisante des simples, prend au hasard, de sentiment. Il s'empoisonne. Ainsi font la foi et la raison.

La vie peut encore s'accomplir, quand ces décisions ne brisent pas complètement avec la méthode naturelle et ne sont pas trop opposées aux faits. C'est une méthode rationaliste, docilement naïve, qui s'exerce avec retenue. L'homme redoute de rencontrer le poison, il ne se hasarde pas à manger toute herbe, tout fruit. C'est cet âge que la poésie imagée des peuples anciens a appelé l'âge d'argent succédant à l'âge d'or.

Mais bientôt, l'ignorance méthodique continuant, les rapports sociaux et les passions qu'ils représentent se développant sans cesse, le rationalisme perd toute retenue, se donne carrière, et les sociétés primitives arrivent à des dissolutions anticipées qui ne leur permettent plus de vivre. Nous avons suivi dans l'histoire universelle et dans l'épopée, pas à pas, ces gradations souvent si cachées et encore inexpliquées de la décomposition dans la société Védique, l'exemple le plus naïvement complet et très authentique, malgré sa haute antiquité.

Nous les avons constatées dans la société des Aryas de l'Inde, de l'Iran, d'après les livres mêmes dits de Manou, de Zoroastre, en tous cas sûrement historiques. Nous les avons retrouvées dans les récits hébraïques. Nous les avons entrevues dans presque tous les autres peuples, même quand il a été impossible de les suivre fait à fait.

A ce moment fatal on peut dire que les sociétés tomberaient dissoutes, si cette première décomposition par l'exercice inconscient de la méthode rationaliste n'était arrêtée dans la contraction de la méthode personnelle à un homme ou à quelques hommes, plus intelligents, meilleurs parfois, plus forts toujours! Ces hommes comme Zoroastre et Manou proposent la réforme par des ordonnances qui leur sont propres. Ces hommes s'attribuent l'infaillibilité, se posent en critériums absolus des pensées, des actions humaines et des sociétés! Pour donner plus de poids à leur parole ils s'affirment, ou par exaltation et de bonne foi, ou par envie de voir triompher leur opinion, ou par désir de faire du bien, ou par ambition individuelle, comme étant des envoyés célestes!

Ils refont les sociétés par un système plus ou moins raisonnable et élevé et s'attribuent à eux et à leurs successeurs le droit de les conduire au nom du Dieu prétendu inspirateur. Les sociétés alors ne forment plus qu'un troupeau, qui peut vivre, toutes les dissidences étant bannies, mais qui, sans penser, s'étiole séculairement loin du progrès. Malheur à ces peuples si leurs voisins progressent. Ils sont bientôt engloutis par eux. C'est l'ère des théocraties où le critérium infaillible est attribué au pontife, qui exerce la méthode personnelle des fidéismes. C'est l'ère de l'obéissance passive de l'humanité à la parole du prêtre.

Mais le prêtre se trouve face à face avec un homme qui est bientôt plus fort que lui, l'homme de l'épée, le guerrier, le chef, le roi ! Ces deux rivaux vont dès lors se disputer l'infaillibilité et le pouvoir qu'elle donne. Chacun voudra conduire l'humanité par une méthode à lui personnelle. Voilà les interminables luttes des pouvoirs spirituels et temporels, désespoirs de l'Inde, de l'Assyrie, de l'Égypte, de la Perse, de notre Europe, et déjà des peuples sauvages où le sorcier et le chef luttent souvent à mort. Elles couvrent les nations de ruines et de sang. Cela coule, cela fume de toute l'histoire.

Ces luttes auront pour effet d'éloigner sans cesse davantage et indéfiniment de cette belle méthode impersonnelle de la docilité aux faits, qui enfante toute vie dans la nature. Le droit divin des rois, le droit divin du prêtre traînant l'humanité d'abime en abime ; c'est l'âge de fer ! Il vit toujours ; et (regardez les armements que la Prusse impose au monde) plus que jamais !

Cependant les hommes se dégoûtent. L'horreur leur a crié : Réveillez-vous, vous qui dormez ; dressez-vous, vous qui êtes éveillés ! L'homme s'est frotté les yeux, il s'est dressé. Il a cherché à se rendre compte du droit à l'infaillibilité, c'est-à-dire de la méthode et du critérium de la vérité.

Broyé, perdu dans l'ignorance depuis des siècles, sous les méthodes personnelles au prêtre, au roi, l'homme était encore incapable de remonter à la belle méthode naturelle impersonnelle qui l'aurait sauvé ! Il faut lutter d'ailleurs ! Dans la vie le temps presse ! L'homme donc a crié au prêtre, au roi : Vous n'êtes pas le critérium, c'est moi !

Cette prétendue infaillibilité il l'arrache au prêtre, au

roi, l'attribue à sa raison, et cette liberté de la pensée donne à l'humanité d'éphémères et sublimes éclairs de progrès. Le Véda a entrevu ; la Grèce et la France ont tenté d'élever des sociétés par ce mode audacieux, mais sans solidité.

Cette attribution de l'infaillibilité à la raison, devient bientôt insensée ! La raison s'exalte, ne juge plus que par elle-même. Le poison du *Moi* envahit toute décision, toute action. Le rationalisme devient à son tour impossible par la personnalité infatuée et appliquant une méthode aussi personnelle que la personnelle méthode des prêtres et des rois.

Donc à nouveau les sociétés retombent dans les abîmes que les méthodes personnelles ont ouverts et ouvriront toujours sous leurs pas. Les peuples alors meurent à la peine. Les aurores d'une heure de liberté alternent avec les nuits des despotismes. L'épuisement, le désarroi de l'esprit amènent la paralysie des nations, qui périssent sous le premier voisin venu, qui a gardé ce semblant d'unité que font les autocraties et les théocraties !

Voilà l'histoire ! Elle est lugubre ! Voilà sa marche de développement. Voilà la fatalité de la loi de l'histoire. C'est la méthode. C'est le critérium infaillible déféré. C'est l'exercice logique de l'infaillibilité qui, comme un serpent immense, déroule ses anneaux dans le temps.

Nous allons approfondir toutes ces affirmations, déjà si claires pourtant, puisque ce n'est que le récit de la suite et de l'engrenage des âges.

CHAPITRE II

La Loi de l'Histoire (suite).

Oui, voilà ce que font les critériums des hommes et des peuples. Voilà ce qu'en ont fait tous les critériums personnels. Nous entrevoyons déjà et nous démontrerons tout ce qu'en fera le critérium infaillible impersonnel : le Fait. Nous avons le devoir de retourner cette question sous toutes ses faces et par tous ses côtés. Nous devons donc joindre à ce qui a été dit des observations nouvelles sur le sujet toujours identique qui nous occupe. C'est par ces diversités de points de vue, concordant à la même conclusion, que nous pourrons nous convaincre de la vérité, de cette loi de l'histoire. Ainsi l'expérimentateur, le mathématicien retournent, renversent, en les reprenant, leurs expériences et leurs calculs, pour en prouver la validité. Nous ne nous dissimulons pas que cette loi de l'histoire paraîtra si neuve à beaucoup qu'ils seront tentés de la nier. Il ne faut pas se contenter de voir les surfaces ; c'est jusqu'au fond qu'il faut pénétrer.

Donc la loi de l'histoire c'est le fonctionnement fatal des constantes de l'histoire. Quelles sont ces constantes ? Des méthodes de penser. La première est naturelle, universelle, sauveuse ; les secondes sont artificielles, partielles, désastreuses.

La loi de l'histoire c'est donc la méthode menant le monde par le critérium infaillible. Pourquoi ? C'est que la méthode est la science des lois de la certitude et par là de l'infaillible critérium conducteur de la pensée. Et ce qui conduit les sociétés c'est le degré de certitude que la pensée a acquise.

Selon la conception qu'il se fait de ce critérium, l'homme est entraîné dans les voies diverses qui déterminent la valeur des esprits, des cœurs, des mœurs, des institutions sociales et la nature des civilisations. Bien déférer l'infaillibilité, voilà le problème de la vie ! Il est primordial, préalable à tout acte de pensée et d'existence. Il mène tout. Encore un coup le critérium c'est l'aiguilleur. Il est là, humble sur la voie par le soleil et l'ouragan, mais sa direction est souveraine : ou l'abîme ou le salut !

Oui la loi de l'histoire est purement et simplement la logique fatale des critériums infaillibles acceptés.

Oui la loi de l'histoire n'est qu'une loi de méthode.

Consolante certitude pour l'humanité car par là elle est sûre qu'avec la science faite de la méthode, elle pourra faire de l'histoire un enchaînement scientifique de faits préparés et voulus en vue du progrès. Nulle pensée ne doit plus fortifier l'homme, lui donner plus d'espérance pour l'avenir. Il en sera le maître par la science du critérium, par la science de la méthode. Et ce sera l'instant sacré où vraiment la loi de l'histoire, précisée enfin scientifiquement, pourra être réellement appliquée par l'humanité.

Cela n'a rien du rêve ; c'est une conséquence nécessaire. En effet un homme est maître de conduire sa vie, quand il a un critérium infaillible, arrêté. Un musulman, un bouddhiste, un catholique, savent *à priori* ce qu'ils veulent, où ils vont, par quels chemins ils iront. Imitation de Krichna, de Bouddha, de Mahomet, imitation de Jésus, tout est là pour ceux qui sont sincères. Intérêt du Brahmanisme, du Bouddhisme, du Mahométisme, du Catholicisme, ou de la petite secte qu'ils veulent fonder, pour ceux qui n'ont que l'esprit d'orgueil du prêtre ou pour ceux qui ne sont que des politiques ! Un savant, qui consacre sa vie à l'expérimentation, sait de même ce qu'il veut, où il va et quelle est la voie à suivre. Un critérium infaillible choisi est l'écriteau indicateur de la route. Il est la voie, certifiée (à tort ou à raison) de la pensée et de la vie.

Ainsi en est-il pour les peuples. Les Francks en posant dès le préambule de la loi salique l'axiome : *Chercher la clef de la Science et la Justice par sa raison*, ont donné à la France son critérium, son idéal, le but de sa vie, le travail interne et secret de sa pensée, le sens de ses œuvres, la préoccupation de son cœur, le développement final de ses institutions, la cause permanente de son influence unique ! Cette petite phrase a fait la nation, a fait la révolution !

Ainsi la vie et l'histoire sont des résultantes de la loi de méthode, qui reste toujours la même. Quelle ? La loi de logique fatale du critérium infaillible adopté.

Voulez-vous approfondir ? Le moyen âge est né de l'institution de l'Église, c'est-à-dire du pape représentant le fils de Dieu et posé en critérium de la croyance humaine. Au commencement c'est vague. Cela a un air innocent, inoffensif. Bien plus, cela semble un bienfait : donner un critérium de vie, une règle droite de conduite à l'homme de ce vieux monde usé, pourri, qui ne sait plus se tenir debout, encore moins où aller. La logique va rendre ce bienfait le pire des maux. Et la logique sera tirée, poussée à l'absurde, à l'odieux ! La science-faite seule, hélas ! a droit et pouvoir de donner *à priori* une règle sûre.

Pourquoi cette logique ? C'est qu'être critérium de la croyance humaine, c'est être critérium de la pensée. Donc l'homme n'aura plus le droit de penser autre chose que ce qu'autorisera le représentant du fils de Dieu. Être critérium de la pensée c'est être aussi critérium des actes ; donc toutes les règles de la conduite de l'homme seront dictées par le représentant de Dieu, et l'histoire sait jusqu'où ont été les exigences (très logiques) de ce représentant divin, qui, sans notre roi Philippe le Bel, confisquait net l'univers par son empire universel. Dicter à l'homme les règles de ses actes nécessite un pouvoir ; donc il faut que l'Église ait ce pouvoir. Mais ce pouvoir, s'il est faible, devant celui des rois, permettra aux rois de dicter aux hommes des règles de conduite différentes de celles de l'Église. Donc il faut que l'Église ait une influence temporelle supérieure à celle des rois. Donc il faut qu'elle détruise dans les états le droit civil. Mais pour combattre les rois il faut des armées ; donc il faudra faire dresser les rois les uns contre les autres ; il faudra aussi arriver à avoir ces armées de moines guerriers qui sans la France auraient escamoté l'Europe. Il faut en effet que l'Église soit la reine des rois, donc la puissance politique et judiciaire par excellence. Il faut donc une armée de légistes, d'espions, de politiques, de récolteurs d'or, de juges, de bourreaux, outre les armées de soldats. Et bien tout cela fût. Il fallait un organisme universalisé d'hommes dociles, absolument sans attaches familiales, sinon le pape n'était plus que l'évêque de Rome. Ces hommes rangés en *ordres* auront chacun son but, chacun sa fonction : les preneurs du cœur, ordres enthousiastes ; les preneurs de la pensée, ordres instruits et instruisant en châtrant le savoir ; les ordres armés prêts à conquérir et assez forts pour le faire ; les ordres jugeurs, punisseurs et bourreaux ; et tous ces ordres récolteurs d'or, organisateurs du dol, du vol. Et toutes ces armées, de moralité souvent bien rabaissée, vivant dans le célibat avec toutes ses conséquences corruptrices des peuples. Et tout cela, vous le voyez, c'est nécessité par la logique du critérium et des situations qu'il engendre ! C'est l'engrenage !

Mais ce n'est pas assez : Les hommes, les rois lutteront ; l'or fera défaut ; la pensée pensera ! Donc il faut un système de répression dans chaque état, universelle pression permanente sur l'esprit, sur la fortune, la vie de chacun, et de tous ! C'est le vaste, l'unique, le génial et épouvantable organisme de l'inquisition, qui dépasse en logique et en horreur tout ce qu'ont fait les hommes, les rois et les religions ! C'est la désorganisation morale universelle, la désorganisation civile, l'attentat à toutes les dignités humaines. Et tout prêtre, tout fidèle est complice depuis le saint jusqu'à la plus douce jeune fille. Et pas même les Fénelon n'ont reculé et renié cette église ! Et tout cela vit, en dessous organisé, cherchant à reprendre la force de jadis. Il a fallu que cette inquisition fut armée de tous les espionnages et de tous les supplices contre ceux qui se veulent éloigner des représentants du fils de Dieu. Le comble de l'horreur indépassé dans les âges, indépassable dans l'avenir, a été atteint ! Il vit dans ses cadres, armée prête au nouveau combat !

Ce n'est pas tout. Il faut que le comble de l'absurdité soit atteint aussi. La logique veut cela et les hommes la pousseront à son dernier bout. Les églises jadis étaient conduites par les évêques. Mais chacune travaillait pour elle seule. Les doctrines variaient. La pression sur l'humanité était incomplète. Les évêques luttaient contre Rome. Les conciles se contredisaient. Les vices romains étaient condamnés. Le moyen âge entier a raillé et tonné contre les ignominies papales avec des mots que notre époque incroyante et molle trouverait excessifs, et qui la feraient rougir. Il fallait donc l'autorité entière attribuée à l'église centrale. Mais les dissidences se produisaient encore dans les conciles. Le collège des cardinaux est une chambre qui entrave. Donc nécessité de concentrer l'autorité totale dans l'évêque de Rome, qui devient le père unique et universel. Toute pensée doit se soumettre. Mais pour soumettre la pensée et la conduite des hommes, il faut être le critérium infaillible de l'esprit humain. Le pape est donc déclaré l'Infaillible. Voilà le comble de l'absurdité atteint ! Rien d'aussi profondément risible n'a été dit que ce mot monstrueux! Aristophane, Rabelais, Molière sont dépassés! Le catholicisme est de toutes les Fois celle qui a le plus complètement parcouru toutes les étapes logiques et les a affirmées avec le cynisme le plus innocent et le plus implacable.

Oui, c'est la logique fatale de toutes les Fois, c'est-à-dire du critérium de la pensée humaine attribué à un prétendu prophète, un prétendu fils de Dieu, ayant par une révélation directe reçu une science *à priori*, que l'on a devoir d'imposer, puisqu'elle est divine. Si respectables qu'aient pu être la vie, la doctrine de ces prétendus inspirés, le vice originel de la foi est là, qui contraint tout. C'est une hypothèse qui veut se faire prendre pour une certitude. Il y a dol dans le fond de toute foi sur la qualité de la chose.

Toutes les Fois d'ailleurs n'ont pas un développement logique aussi complet, mais toutes l'impliquent dans leur nature même. Souvent elles brusquent le dénouement, mais en réalité il est identique. Mahomet commence tout de suite la guerre, que les Omar et les Ali continuent. Les pals se dressent partout. Les Brahmanes massacrent les Bouddhistes. Les Persans font les guerres saintes. Les Juifs tuent, pillent, violent au nom de Dieu. Toutes les Fois donc ne passent pas par la totalité de la chaîne logique, comme le catholicisme, merveilleux en cela entre toutes; mais toutes arrivent au même but : Guerres, meurtres, supplices pour l'intérêt de l'église; infaillibilité tacite ou expresse attribuée aux représentants de la Foi.

En étudiant les degrés logiques que nous avons indiqués dans le courant, et que nous pourrions détailler davantage, on peut voir à quel point et pour ainsi dire à quel âge en sont arrivées les diverses Fois. Le protestantisme chez nous, par exemple, en est au degré où était le catholicisme épiscopal, quand chaque église se gouvernait elle-même et faisait souvent secte. Que le protestantisme s'organise, s'unifie, comme on le voit en Prusse, en Angleterre, ou dans l'orthodoxie russe ; le roi devient pape et son pouvoir civil sera, par l'espionnage, un organisme d'inquisition, et ses évêques, ses pasteurs seront des instruments politiques à l'intérieur, à l'extérieur. Guizot voulait accomplir cette unité en France. Toute église unifiée est dangereuse parce qu'elle est Foi. Un seul culte peut être sauveur étant unifié, c'est la religion de la science, parce qu'elle est la religion des lois de la certitude scientifique et par conséquent qu'elle porte en son essence l'affranchissement, la liberté, l'ordre, le progrès !

Le roi devenu pape qu'arrive-t-il ? Louis XIV, Bossuet, les Jésuites, Louvois et les Dragonnades nous le montrent. Les meurtres, les assassinats deviennent sacrés comme pour la Papauté cléricale. Et Louis XIV n'était qu'un pape inconscient ! L'intérêt de l'église est devenu l'intérêt de l'état. L'expérience en est faite. Les empereurs, les rois, chefs des religions deviennent des infaillibles. Aussitôt que leurs intérêts sont en jeu, ils sont inquisiteurs et massacreurs. Voyez les agissements illégaux et criminels, la politique infernale de l'église anglaise. Faire le plus de mal qu'on peut à tout ce qui n'est pas anglais. La Prusse aujourd'hui refait l'inquisition par son espionnage organisé dans le monde entier. Son roi-pape veut refaire un moyen âge papal, mais protestant.

Ainsi il suffit qu'on pose dans l'humanité le principe d'une parole de prophète, de fils de Dieu, le principe d'une révélation, pour que, logiquement et fatalement, tout cet ensemble de conséquences se développe peu à peu. Cela par une raison méthodique supérieure à toutes les forces humaines. C'est que la parole de ce prophète et de ses représentants devient le critérium infaillible de la pensée et de la vie des peuples. C'est qu'au nom de cette science *à priori*, l'anathème est levé sur toutes les têtes, et bientôt le supplice déchaîné sur tous les indépendants.

II. — En présence de ces faits, l'homme, le peuple de courage et de pensée ont donc cru devoir conclure : « Pas de critérium à la pensée que la pensée ! »

Soit ! Alors analysez les conséquences du critérium de la pensée, sous quelque nom qu'il se cache et vous allez arriver à des extrémités aussi terribles, aussi absurdes puisqu'elles seront exactement les mêmes.

La voilà libre enfin cette pensée humaine ! Elle n'a plus de critérium qu'elle-même ! Elle s'appelle raison, évidence, expérience, conscience, sentiment, intuition, libre pensée. Chacun se jette à tout ! De cet élan de liberté jaillit une force de production inouïe, inconnue dans le monde et qui l'éblouit ! Qui n'admirerait l'homme en sa puissante initiative ? C'est la belle Grèce avec ses éclatantes splendeurs ! C'est la première renaissance Française, c'est la seconde renaissance, Européenne, et fille de la première, avec toutes leurs fulgurations. C'est le grand art français et toute sa noblesse surhumaine, le grand art plastique italien, le grand théâtre anglais et sa poignante terreur ; c'est la sagesse de nos philosophes ; c'est la Révolution ; c'est le premier axiome de la science sociale ; c'est la condamnation de tout ce qui veut entraver la pensée, la liberté, la production féconde de l'humanité ! Rien de plus haut !

Oh ! la logique du critérium va bientôt dégrader toutes ces grandeurs ! L'homme critérium infaillible ! Sa raison, sa pensée, son évidence, son expérience, sa conscience juges absolus ! Mais alors l'homme est la loi de tout, la mesure de l'univers et de l'au-delà ! Il est le monde prenant conscience de lui-même ! Il est plus, il est autonome et tout de soi ! Il est le facteur de la vérité ! Et comme la vérité ne se compose que des lois absolues, il est la puissance qui fait la vérité dans la science et dans la justice ! La raison est la déesse ! L'humanité est le Dieu !

Mais chaque homme a une raison. Il juge par elle seule.

Il a trop de bonnes et mauvaises raisons pour ne pas croire sa raison supérieure aux autres raisons. Ayant cette autorisation de la méthode, chaque homme arrive à se croire possesseur de la déesse raison et il s'affirme le Dieu. C'est la folie actuelle. Grande est la quantité de fous qui se croient dieux dans les rationalismes. Chaque homme se croit le droit de faire sa loi, puisqu'il est la conscience, innée et infaillible de la justice, comme son évidence est le critérium infaillible du vrai. Voilà donc le rationalisme qui par logique fatale n'est plus que l'individualisme.

Or, l'individualisme déchaîne face à face toutes les raisons humaines, au nom du critérium infaillible de la conscience, de l'évidence, qui sont choses individuelles quand on arrive à la pratique de la vie et qu'on ne reste pas dans l'abstraction ! De ce déchaînement surgit la licence universelle des intuitions, des opinions, des aperceptions, des rêves, des caprices, des sentiments, des sensations, des ignorances faussant toutes les pensées !

Au milieu de ce désordre, qui reste sacré (car il est sanctionné par le code méthodique admis, par le critérium infaillible choisi), l'abâtardissement se fait ; car l'intérêt, les passions, sont le dernier mot et le dernier maître ! Qu'arrive-t-il alors ? Un homme se possède au milieu de ces emportements ; il emploie une tactique habile pour s'emparer des avenues de la société, et à force de fourberies, d'intrigues, de pressions, de crimes, il arrive à accaparer la puissance. Ce *Moi* s'impose à tous les *Moi* ; cette pensée à toutes les pensées ; cette conscience à toutes les consciences ! Voilà cet homme devenu pape civil des hommes. Il s'appelle dictateur, consul, il sera bientôt empereur.

Dès lors toutes les conséquences papales vont recommencer. Cet homme rencontre des oppositions, des luttes. Il lui faut l'espionnage et la violence, car il faut une sanction à ses volontés, il lui faut la suppression des volontés

et des raisons d'autrui. Il aura ses autodafés, les grandes
fournées ! Il aura l'inquisition, la terreur ! Voilà pour l'horrible ! Voici pour l'absurde : La raison est déesse ; cet
homme devient la personnification de la raison humaine !
Il sera le Dieu ! C'est ce que voulait Alexandre ; ce qu'ont
été les empereurs romains ! C'est ce que cherchait Robespierre, logique en cela bien plus que Napoléon qui y fut
arrivé, s'il était parvenu à réaliser sa folie d'empire
universel !

Ainsi toutes les tirées logiques des deux constantes
humaines de l'histoire mènent aux mêmes conclusions.
Fidéisme, rationalisme ont le même point d'arrivée. Il ne
sert de rien que des esprits pondérés s'arrêtent à mi-voie ;
l'humanité ne s'y arrête pas. Elle va jusqu'à l'absurde et à
l'horreur, au dernier terme du faux, au dernier terme du
crime : inquisition, terreur, infaillibilité du tyran !

III. — Encore un mot de vérification et qui nous fera
toucher combien peut servir cette clef de l'histoire pour
apprécier les événements et leur portée. C'est un lieu
commun pour nombre d'esprits que la Révolution d'Angleterre est une préface de celle de la France. La vanité
anglaise l'affirme. Nos bons historiens la croient. Et puis
il est des écrivains en France qui vont chercher leur
public en Angleterre et en Allemagne, et qui les flattent.

Ce sont deux mouvement inverses. La Révolution anglaise
est une révolte fidéiste, la française un soulèvement rationaliste pur.

L'Angleterre est la fin des soubresauts calvinistes en
Europe qui vont de Suisse en Hollande et de Hollande
à Londres. C'est un rassemblement de prêtres qui tuent
un roi. Elle est une tyrannie absolutiste. L'Irlande l'a bien
senti. C'est le prêtre égyptien contre le Pharaon. C'est le
prêtre chaldéen contre le roi Assyrien.

La France est le gouvernement rationaliste établi et fondant (par ses axiomes tout au moins) la science sociale. La portée est donc ici universelle. En Angleterre le mouvement est sectaire et sans force vraiment libératrice. Les principes de la Révolution française survivent et éclairent. Cromwell est un critérium fidéiste. C'est ce que voulait être Robespierre qui n'eut jamais l'intelligence de la Révolution française et qui, voulant la faire tourner à l'idée anglaise, la tua et se tua avec elle, tant la France était antipathique à ce type de sacristie et d'illuminés. La France ne peut être sectaire. Fou qui cherche à la rendre telle. J'en connais, les uns bien intentionnés, les autres pleins de l'orgueil de l'esprit prêtre. Rationaliste elle ne peut changer son critérium que pour celui de la science faite, parce qu'elle porte en soi le sens universel, qui n'est satisfait par aucune foi, par aucune secte, mais par la seule science.

Un vieux camarade que le rationalisme avait fait très éloquent, et que le fidéisme, hélas, a rendu muet, me donnait cette raison (frappante, croyait-il), de la nécessité d'une révélation. Ravignan disait un jour à Notre-Dame : « On aime les Faits dans ce temps ; en voici un : des hommes vont dans une épaisse forêt, ils abattent un arbre, ils le façonnent en croix ; cette croix ils la font porter jusqu'en haut du mont par un autre homme meurtri de coups. Là plantant la croix ; ils clouent dessus la victime. Elle expire. A peine Jésus a rendu le dernier soupir que le monde est changé. » A ces mots l'auditoire prévenu, irréfléchi, se dressa enthousiaste et applaudit en pleine église.

Ne relevons pas ce que ce récit mélodramatique a d'arbitraire. Contentons-nous de dire que l'évangile indique innocemment que Jésus ne mourut pas sur la croix, qu'il s'y évanouit ; que de plus le monde ne changea pas si vite et qu'il y fallut Constantin.

Voyons au fond la valeur réelle de ce fait : Le critérium rationaliste des Grecs est épuisé. Rome l'a poussé au dernier terme des folies et des crimes individualistes. Le monde dégoûté veut un frein. Jésus vient, propose un critérium fidéiste pour ramener les hommes à la vertu, vers le temps où César propose de concentrer pour rétablir l'ordre, l'autorité dans une main d'homme. Le monde accepte préférant l'ordre et la vertu esclaves et dupes, aux vices cyniques de l'individualisme effréné et affolé.

C'est donc un simple changement de critérium qui a fait ce changement dans le monde. Il n'est nul besoin d'un envoyé céleste, d'un fils de Dieu pour l'expliquer. Le même phénomène s'est présenté à Manou, à Zoroastre, à Krichna, à Manès, à Bouddha, à Moïse, à tous les dictateurs, aux rois d'Israël, à Alexandre, à César, à Mahomet, et chez nous à Calvin, à Descartes, à Napoléon, en un mot à tous les critériums religieux ou civils s'opposant aux désordres individualistes, soit des rationalismes, soit des fidéismes. Mahomet d'ailleurs et Descartes et bien d'autres ont modifié le monde bien plus vite que Jésus. Le changement de critérium c'est la saute du vent. C'est toujours ainsi que cela se passe pour l'esprit, la conscience et les sociétés. Nous l'avons vu : C'est une loi.

CHAPITRE III

Que la Loi de l'Histoire sort de la nature de l'homme.

Tout être porte en lui sa loi de développement. Elle naît de l'essence même de cet être et de ses rapports avec son milieu.

L'humanité a une loi de développement comme tout ce qui est, vit et meurt.

Cette loi est dans le for le plus intime de l'homme : la pensée. Elle est dans le for le plus intime de la pensée : le besoin de la certitude et le moyen de s'y reposer.

La loi de développement est donc la loi de la méthode et le critérium conducteur de l'esprit.

C'est là qu'est l'unité essentielle du genre humain, sous toutes les formes et sous tous les voiles qui scèlent cette unité.

Chaque civilisation, chaque peuple, chaque peuplade, chaque famille, chaque homme a un idéal ! Cet idéal devient le critérium de leurs pensées, de leur vie, de leurs mœurs. Les variations de l'idéal sont les variations de l'humanité. C'est l'idée qui conduit l'homme et les nations.

Mais cette idée qui la fait naître en l'homme ? L'immanence universelle et ses trois ordres de faits matériels, numériques et antinomiques.

Dans l'âge védique, attesté par le Véda, l'homme prend naïvement les faits comme le critérium, le juge dernier de sa pensée ; et nous avons constaté que, si embryonnaire que soit son développement, il était si juste, qu'il a fourni l'hypothèse de toutes les grandes religions, plus l'hypothèse de la vie constatée par la science, plus enfin un développement social droit dans le patriarcat primitif et dans les conseils du culte, d'économie, de justice, composés des patriarches.

Mais les faits parlant toujours à l'homme, à tout homme venant dans ce monde, l'esprit s'étonne, se perd dans les explications qu'il en donne et dont ont besoin sa pensée et les nécessités de la vie. L'ère des suppositions personnelles commence sous l'action des troubles causés par les terreurs, les désirs, les passions.

Ces suppositions sans cesse changeantes auraient plongé l'homme dans un état de perpétuel doute c'est-à-dire de perpétuel découragement. Je sais de jeunes hommes qui ont été près de se tuer de cette maladie, qui consuma Pascal. Le doute n'est que la fin des opérations manquées de la pensée, et non pas l'aurore, comme l'a cru à tort notre grand Descartes. Le doute constate l'insuccès du passé et non la vérité de l'avenir.

Ce découragement aurait plongé l'homme dans l'impossibilité de donner une organisation suffisante aux sociétés ayant déjà des rapports compliqués.

De là est venue la nécessité de faire un choix parmi ces suppositions. On a pris la plus probable, comme étant la certitude sur laquelle on pouvait baser les sociétés. C'est là ce qui a constitué l'établissement des *Fois* et la série des punitions infligées à ceux qui y contrevenaient.

Les Fois apparaissent donc comme des sortes de synthèses ou d'encyclopédies de la science de telle ou telle époque. Elles sont systématiquement *à priori* tenues pour certitude pour la nécessité des opérations sociales.

Les Fois ne sont donc que des intuitions hypothétiques et toutes de sentiment, c'est-à-dire sans valeur de certitude réelle.

Les Fois posées, chaque groupe social a avancé, appuyé sur elles. Les intérêts se sont organisés ; les sociétés se sont mises en marche et ont produit des civilisations proportionnelles à l'idéal de leurs Fois.

Nulle Foi ne peut dépasser l'état de moyen âge ; c'est là sa borne fatale, parce que son essence est d'arrêter la science.

Mais les hommes poussés, sans le savoir, par les faits, cherchent sans cesse. Des faits nouveaux viennent détruire les anciennes suppositions. Au milieu de ceux qui par aveuglement acceptaient les anciennes Fois comme des certitudes acquises, et qui y liaient leurs intérêts (chose grave !), il se lève des chercheurs courageux, sincères, ardents.

Par le doute qu'ils ont inspiré, la négation a peu à peu ruiné, effondré les suppositions des Fois ! De là des guerres infinies, de longues attentes, d'immenses souffrances, de grands dévouements, de grands supplices. Vous saurez mettre des noms propres sur tous ces mots abstraits.

Quand les anciennes Fois sont vaincues, le travail de l'esprit humain a fait naître d'autres suppositions plus probables, rendant mieux compte des *Faits* nouveaux, observés par l'homme dans la lente expérience des siècles. Ces suppositions sont devenues les Fois nouvelles.

Mais elles ont fini à leur tour par engendrer les mêmes doutes, quand d'autres faits nouveaux sont venus mettre la suspicion sur elles. Les intérêts attachés à ces Fois ont amené les mêmes batailles, les mêmes aheurtements, les mêmes dévouements, les mêmes supplices, les mêmes douleurs, les mêmes triomphes.

Un tel état que Vico a entrevu (sans le comprendre, le regardant comme une simple fatalité) serait, en effet, à recommencer sans fin, si l'humanité était condamnée à ne prendre pour fonder ses sociétés, que des hypothèses ne rendant pas compte de tous les faits et par conséquent fatalement détruites par des faits nouveaux.

Mais au contraire on doit admettre que l'humanité possédant la science de la méthode et les sciences, arrivera à une certitude finale scientifique, qui servira d'appui aux civilisations. La base des sociétés étant enfin solide, parce qu'elle est scientifique, elles arriveront à un développement qui ne sera plus soumis à l'*eterno ricorso* de Vico. Les Fois et les rationalismes sont appelés à se fondre dans la science de la méthode, comme toute hypothèse dans la science.

Goëthe voulait que le progrès s'opérât dans l'histoire par cercles, d'autres disent ellipses ascendants, ce qui est mathématiquement la même chose. Où sont ces cercles ?

Qui a vu cet escalier tournant du progrès ininterrompu ? Ce sont là des mots, rien de plus.

L'histoire donne un démenti formel à cette théorie. Le progrès y arrive par le rationalisme, se coupe et devient stagnant par les fidéismes. Et avec les deux il s'éteint, comme nous le faisons voir dans les mille aspects qu'a cette question universelle.

Le progrès ne correspond donc qu'à la méthode, comme force de fond. Il est fils du critérium choisi. C'est le critérium qui le fait naître, le pousse ou l'entrave, le fait monter ou tomber par ses qualités ou ses vices.

Oui, où sont ces cercles du progrès dans l'histoire ? L'Inde du Gange est-elle un progrès sur le Véda, sur l'Aryawartha ? Elle est décadence. Le Persan d'Assyrie est-il un progrès sur celui de Zoroastre et de l'Iran ? Il est décadence. L'Assyrie est-elle un progrès sur l'Egypte ? Elle est décadence.

Où nous voyons le progrès revenir, c'est à la Grèce ! Pourquoi ? Parce qu'elle a la méthode et le critère rationalistes qui ont fait la justesse, la grandeur du Véda. Mais ce critérium a la force d'un coup de soleil. Il illumine, il tue !

Rome est-elle un progrès sur la Grèce ? Elle est décadence.

Je sais bien qu'on dit : Le christianisme est un progrès sur la Grèce. Mais regardez-le donc : Le christianisme aboutit au bysantinisme, à la scolastique, à la casuistique. Il a été la stagnation dans les supplices. La France n'a pu accomplir le progrès qu'en creusant toujours plus la notion de la méthode et en faisant par les critériums rationalistes le renouveau de l'humanité. A quel prix ! Grands cieux ! Par quelles douleurs !

Les Indous, les Persans avaient entrevu la possibilité, la nécessité des recommencements de l'humanité. Ce qui prouve entre parenthèse leur grande antiquité, car une pareille expérience demande du temps. Ils avaient imaginé les avatars divins. Singulière idée du progrès que de le faire opérer par des révélations théocratiques qui, *à priori,* sont la cause de sa mort. Mais ils ne soupçonnaient pas la science de la méthode engendrant la certitude des sciences.

L'homme n'a pas vu jusqu'ici la cause vraie du progrès. Nous l'affirmons hautement. La voici : C'est le critérium, c'est la méthode rationaliste. Et le progrès vaut ce que le critérium vaut. Donc, le critérium scientifique étant trouvé par la science de la méthode, ce vrai infaillible engendrera un progrès indéfini, comme la science, ordonné comme elle.

La France est le peuple méthodique ! Elle l'a montré en prenant pour devise et pour idéal dans le préambule de la loi salique : Chercher la clef de la science et la justice selon sa raison. Cette profession de foi est toute l'évolution rationaliste, politique, sociale, philosophique, religieuse de notre patrie. Elle reste le peuple méthodique pour l'avenir, comme pour le passé, en donnant la loi scientifique de la méthode de l'impersonnalisme.

Ce serait la solution du problème de la destinée des nations dans l'histoire. Puisque c'est la méthode qui a fait tous les changements de l'humanité ; puisque c'est la méthode et son développement qui est la loi de l'humanité, c'est donc la méthode qui fera la fixité du progrès dans l'ordre, comme elle fait la science, et puisqu'elle fait la science. Les critériums faux ont fait le mal, le vrai critérium le guérira.

La loi du progrès des développements de l'humanité est donc la loi même de la méthode, puisque tout développement y dépend du critérium absolu. Cette loi sort de la nature même de l'homme, puisqu'il lui faut absolument un critérium cru infaillible pour lui servir d'espérance et de levier dans ses pensées et dans ses actes.

CHAPITRE IV

Valeur scientifique des fidéismes et des rationalismes.

I. — Quelle valeur réelle ont donc au point de vue tout scientifique auquel doit se placer l'historien philosophe, les Fois et les rationalismes ?

Celle même qu'ont dans les sciences en marche, les théories provisoires. Elles servent à organiser un ordre de recherches et par là à faire avancer la science.

Elles sont provisoires parce qu'elles sont incomplètes. Cependant on s'en sert pour marcher en avant. Telle fut par exemple la théorie du phlogistique. Fausse, elle a fait ordonner des séries d'expériences, qui ont été des vérités et qui ont démontré la fausseté même de la doctrine par laquelle on les découvrait.

De même les Fois, les rationalismes et leurs critériums ont été des méthodes provisoires d'organisation des sociétés. Ils ont ouvert des champs d'expériences, amené des vérités qui démontrent la fausseté de ces doctrines, de leurs méthodes, de leurs critériums, de leurs organisations mêmes ! Ils apparaissent après leur chute comme n'ayant été que des pierres d'attente acceptées par l'humanité ignorante encore. Ils ont donc bien valeur de théories provisoires et pas davantage. Ils ont servi à la vie des civilisations, comme les théories provisoires à la vie de la science.

La théorie provisoire a dans la science un danger :

faire stagner dans un parti-pris. Souvent la vérité a des luttes à soutenir pour démolir ces constructions factices. Les Fois, les systèmes rationalistes ont le même danger dans les nations. Seulement les luttes y sont formidables et représentent une infinie quantité de douleurs.

Il faut bien voir que la vie des peuples a fait exactement ce que font les savants : Une théorie provisoire a été utile. On le reconnait. Mais déclarée fausse on l'abandonne, on la remplace par une autre théorie provisoire plus complète, jusqu'à ce qu'on ait trouvé le mot scientifique. C'est ainsi que les Fois, les rationalismes, leurs critériums et leurs méthodes se sont remplacés les uns les autres dans les nations. Nous avons constaté leurs chutes et leur succession dans l'histoire. Nous avons vu que les Fois ont causé depuis les temps préhistoriques et primitifs, certains progrès, mais toujours des dégénérescences, par l'aheurtement qu'elles nécessitent.

Les méthodes rationalistes ont fait de même des progrès et des chutes. Cependant elles se sont complétées peu à peu à chaque réapparition des temps Indous et Egyptiens, de Thalès à Socrate, à Aristote, à Abeylar, à Rabelais, Bacon, Descartes, Voltaire, Comte, Strada qui en donne enfin la notion scientifique.

Ces méthodes, ces critériums fidéistes et rationalistes ont fini dans l'antiquité et de nos jours par leur épuisement à ne donner plus que des idées fausses et des aheurtements pervers, dont la seule théorie scientifique peut sauver le monde. Protagoras a été le dernier mot de la folie rationaliste antique, comme Comte est le dernier mot de l'insanité rationaliste moderne ; le moi la mesure du tout ! L'organisme critérium du vrai ! Après de tels excès il n'y a que la notion scientifique de la méthode qui puisse relever l'esprit humain et le sortir de l'irrémédiable décadence où fidéismes et rationalismes s'accordent à le plonger.

Dans le passé les méthodes et les critériums fidéistes et

rationalistes se sont entrecroisés, tantôt pour se combattre, tantôt pour s'entr'aider. Toutes les combinaisons fidéistes et rationalistes ont été essayées, épuisées par des milliers de systèmes de raison et de sectes sorties de toutes les religions. Grand travail d'enfants dans le sable ! Tous sont arrivés au même résultat final : démonstration par l'expérience des faits, de la fausseté de ces théories provisoires, puisque toujours elles ont précipité l'homme sous le despotisme entravant le progrès aussi bien par les fidéismes que par les rationalismes.

Qu'avons-nous donc à faire ? Agir comme les savants, quand, après tous les essais des théories provisoires, ils sont arrivés à la théorie définitive, c'est-à-dire à la science faite. Ne pas hésiter, se reposer en elle seule, c'est la nécessité de salut, c'est le devoir.

La science de la méthode est faite, parce que l'essence de la science est d'être impersonnelle, et que la méthode de l'impersonnalisme a trouvé, défini le critérium impersonnel, qui seul peut conférer à la science la qualité complète d'impersonnalité !

Les savants n'hésitent pas à quitter les théories provisoires. Que les hommes, les peuples, les civilisations n'hésitent pas à laisser les critériums et les méthodes provisoires, qui les ont si mal soutenus jusqu'ici. Qu'ils embrassent la méthode et le critérium définitifs, parce qu'ils sont scientifiques et impersonnels.

Un nouvel avenir s'ouvre devant eux. C'est à la France d'accomplir ce dernier pas méthodique, elle qui a jusqu'à présent déterminé tous les autres ; elle qui a été l'audacieuse expérimentatrice des critériums rationalistes. Il n'y a point audace, mais sagesse à adopter une théorie scientifique. Car tout ce qui est science est ordre. C'est d'ailleurs pour la France une question de vie ou de mort. Ne sent-elle pas qu'elle s'épuise dans la bataille des deux méthodes provisoires, le fidéisme et le rationalisme ? Ne sent-elle pas qu'elle à deux peuples ennemis dans son sein, au lieu d'avoir l'unité de ses enfants ? Ne voit-elle pas que ces deux méthodes si souvent abattues, épuisées, ne sont assez puissantes que pour se combattre, et impuissantes pour se vaincre, parce que toutes deux sont fausses et incomplètes ?

La réforme est bien simple : remplacer l'enseignement des méthodes fausses par celle qui est scientifique, qui enseigne le critérium scientifique impersonnel, qui seul enfante l'expérience dans la vie, le savoir équilibré dans la science. Impersonnel, ce critérium lui trempera des caractères honnêtes et héroïques. Scientifique, il lui donnera des esprits profonds et enfanteurs de progrès, un ensemble de population assagi et vertueux.

Nous pousserons à fond ces questions à la cinquième partie de cet écrit.

CHAPITRE V

La Loi de l'Histoire conduit à la nécessité d'un changement de méthode.

Ayons toujours présent à l'esprit ce que nous avons vu dans la lente suite des siècles.

Partout la lutte de deux principes. Deux principes ! Le mot est vague. Ces deux principes sont deux méthodes de penser, qui par le moyen d'un critérium, ou juge infaillible de la vérité, conduisent les individus, les nations. De ces deux critériums l'un est la parole d'un révélateur représenté par le prêtre et le roi, et se résumant dans le dogme et le décret. L'autre c'est la parole de l'individu. Cela est vrai de tous les temps. Ce sont les constantes de l'histoire.

Ces deux critériums sont assez forts pour se combattre non pour s'anéantir. C'est une bataille de sorcières qui s'égratignent, s'écharpent, non une lutte de forts et loyaux chevaliers. Ils restent en présence ne s'équilibrant jamais, faisant osciller sans cesse le monde d'un critérium à l'autre, sans qu'on puisse arriver à la paix, à la stabilité de la certitude. Les nations, les esprits, les âmes sont dans la situation d'une horloge détraquée mais toujours en branle.

Cet état nous le trouvons partout sur notre globe, dans notre Europe, dans notre France. Il est la reproduction, répétée, des états antérieurs. Le monde antique l'a subi. Il s'y est renouvelé partiellement nombre de fois. La première antiquité a passé par toutes les phases du théocratisme, c'est-à-dire du fidéisme, pour arriver à l'ébauche de toutes les théories du rationalisme. La Grèce en face de cette antiquité théocratique a obéi au critérium rationaliste qui est toujours le même : La raison humaine de quelque nom qu'on l'appelle, observation, raisonnement, syllogisme, calcul, expérience, évidence, conscience, organisme.

Ce qu'il ne faut jamais oublier, c'est que dans tout le passé, l'effet de la lutte a été le même. Les deux combattants, le rationalisme et le fidéisme, se sont portés des coups terribles, ont eu chacun des triomphes passagers, ont fini par tomber tous les deux épuisés de leurs luttes, sans s'être jamais complètement vaincus.

Ils sont tombés avec la Grèce et Rome sous un renouvellement du fidéisme. Le christianisme lui-même s'est bientôt trouvé en face d'un renouveau du rationalisme par l'esprit français ! La lutte antique a recommencé et jusqu'à nos jours elle dure sous d'autres noms et sans plus de succès.

Jésus a succédé à Manou, à Wischnou, à Krichna, à

Zoroastre, à Bouddha, à Moïse. Il a résumé en lui les révélateurs du passé et toutes les grandes religions du feu par le feu de la grâce. Il a symbolisé par ce mot les mythologies et les fidéismes du passé. Abeylar, Rabelais, Bacon, Descartes ont renouvelé, sans les copier, Thalès, Socrate, Aristote ! Le combat antique est le combat de nos jours.

L'histoire se résume donc bien dans la lutte des critériums fidéistes et des critériums rationalistes. La loi de l'histoire est bien le développement logique qu'ont engendré ces critériums dits infaillibles et adoptés par les peuples.

Mais cette lutte est-elle à jamais nécessaire et fatale ? Vico, qui ne la comprenait pas, dit : « Oui ! » Je dis hautement : « Non ! »

Dès que la marche de l'humanité dépend de la méthode et du critérium, elle dépend d'une science. Que la science soit faite et la marche de l'humanité sera assurée. C'est ce que nous avons accompli en constituant en science faite la méthode, qui n'était jusqu'à présent qu'un ensemble d'aphorismes plus ou moins sages. (*Ultimum Organum, Méthode Générale* enseignée depuis vingt-cinq ans à l'étranger, *Point de Départ de la Pensée, Pensée Humaine, Science des Religions, Religion de la Science*, esprit de l'*Histoire Universelle, Épopée Humaine*, etc.).

La méthode étant une science, le critérium scientifique et impersonnel étant trouvé, il en résulte que les critériums personnels de la raison humaine et du fidéisme (qui n'est aussi lui qu'une raison humaine) sont l'un et l'autre fondus dans le critérium définitif et impersonnel de la science, comme toutes les hypothèses se fondent dans la certitude scientifique !

Le combat de ces vieux adversaires : le rationalisme et le fidéisme, finira par la victoire du critérium infaillible et absolu de la science, de toutes les sciences faites.

La loi de l'histoire en nous montrant la cause des luttes

incessantes du passé, nous fait voir que ces batailles s'atténueront par le moyen de la méthode scientifique et de son critérium infaillible. En quoi consiste le changement ? A impersonnaliser le critérium. N'avoir pas le critérium impersonnel c'est n'en point avoir. Ça été jusqu'ici le sort de l'humanité ! Ah ! Pascal le sentait bien !

En effet, il n'y a pas de science vraiment impersonnelle, si le critérium au moyen duquel elle se construit n'est réellement impersonnel ! C'est le critérium qui passe à la pensée, à la science, la qualité de certitude ou d'incertitude.

Que nos savants spécialistes sondent le mystère de leur pratique. Ils croient se fier aux opérations de l'esprit. Non. Ils se fient aux faits, qui les contraignent à l'acquiescement, parce qu'ils apparaissent comme réellement indestructibles et devenus par là axiomatiques. Le Fait est donc au vrai le critérium inconscient, innommé, et demeurant par là empirique, auquel obéissent aussi bien la pratique des sciences mathématiques que des sciences physiques. C'est pourquoi la science est solide et c'en est la seule cause. La vie a la même cause de solidité : La reconnaissance empirique des faits, qui se trouve sous l'instinct animal, sous l'acte humain, quand il est droit.

Pour ce qui regarde les théories que les savants joignent à leur admirable pratique, il en va tout autrement. Ils sont de simples rationalistes, et tout aussi inconsidérément subjectifs que les fidéistes. Leurs doctrines pas plus que les Fois n'ont de valeur réelle. Ce sont des négations ou des échaffaudages sans portée et souvent insoutenables, en contradiction avec les faits des sciences vraies qu'ils ont construites eux-mêmes. La belle pratique de la science n'est donc qu'un admirable empirisme, qui attend la méthode impersonnelle pour avoir sa vraie portée et la conscience d'elle-même.

Quand on va jusqu'au fond de la marche de l'esprit

dans la science, on voit qu'il n'avance qu'axiomatiquement.

Que veut dire ce mot ? L'axiome est une vérité, c'est-à-dire un fait qui écrase l'homme par son indestructibilité. L'homme est esclave, esclave divin, en face de cet absolu vrai qui s'impose. Puis l'homme part de là pour trouver des faits nouveaux aussi indestructibles, sur lesquels il pourra s'appuyer encore, pour continuer sa route. Ces faits, étant indestructibles, prennent donc vraiment une valeur axiomatique. La science marche donc bien d'axiome en axiome, d'écrasement de l'homme par le fait en écrasement nouveau ! Et c'est cette sublime passivité de l'esprit dans la connaissance qui fait toute sa force, sa liberté, ses progrès. Oui l'homme est l'esclave divin des lois absolues, qui le grandissent au-dessus de lui-même et font à sa liberté une aile divine.

La science peut donc être considérée en ce sens comme étant la réduction des faits à l'axiome.

Or, est-ce que l'homme fait l'axiome. Nullement; l'axiome s'impose par lui-même. Tous les faits des sciences faites ont cette même action sur l'esprit. L'esprit n'a qu'un pouvoir par les instruments méthodiques (expérience, calcul, syllogisme), c'est de faire la route au bout de laquelle le fait lui apparaîtra axiome ! Les instruments méthodiques sont comme les membres et les yeux de l'esprit qui nous conduisent à la falaise d'où l'on voit le fait s'imposant indéniable, indestructible, axiomatique.

Chers savants, amis avec lesquels j'ai tant travaillé, pour lesquels je lutte (car nul jamais n'aura mis la science aussi haut que je la place par mon œuvre totale), je vous supplie non pour moi, pour la vérité, pour la France et l'humanité, méditez la méthode impersonnelle et ses conséquences. C'est la science, si aimée, quelle devient religion ! C'est l'ouverture des temps nouveaux !

Croyez bien que je ne fais que sanctionner vos admirables travaux par la méthode impersonnelle. Vous êtes spécialistes, non pas philosophes méthodistes. Vous ne vous rendez pas compte que votre processus n'est solide que parce que là vous cessez d'être rationalistes, pour être impersonnalistes, *sans le savoir*. Vous croyez avoir pour critérium l'expérience, c'est-à-dire votre raison expérimentant, en réalité, votre seul critérium pratique et innommé, c'est le fait qui reparaît toujours indestructible, après vos jours, vos ans d'expériences.

Nous étudierons cette question à fond à la quatrième partie de cet écrit. Ici nous ne voulons montrer que la nécessité logique et historique où est acculé l'esprit humain de changer de critérium pour arriver à l'accomplissement et à la rectification de la loi de l'histoire, faussée par les critériums rationalistes et fidéistes. Tout reste perpétuellement en l'air par ces deux méthodes et ne trouvera la solution que par la méthode et le critérium impersonnels.

L'action des critériums fidéistes rationalistes a toujours abouti et se résoud encore en guerres effroyables parmi les hommes. Toute l'histoire nous l'a montré. Les fidéismes en engendrent encore plus que les rationalismes. Mais comme ces derniers finissent par aboutir à se perdre dans des fidéismes, il faut dire qu'ils ne valent guère mieux que leurs adversaires.

Si l'on considère les nations fidéistes, on les voit en guerre perpétuelle de rois à rois, de prêtres à rois, de rois et de prêtres à peuples. C'est un feu interne travaillant le monde en secret comme les volcans qui préparent, par les tremblements de terre, par les menées souterraines, les éclats formidables des éruptions.

Si l'on regarde les nations rationalistes, on les voit en incessantes guerre civile latente ou patente, guerre de tous les peuples de la Grèce entre eux, guerre des citoyens dans chaque cité ; guerre des plébéiens et des sénateurs théocratiques et autocratiques à Rome ; guerre des partis dans toutes les Républiques et dans notre Révolution.

Les peuples cependant sont portés à la paix par besoin de travail ; les rois et les prêtres à la guerre par besoin de pouvoir. On doit penser que si la science formait l'unité de religion, remplaçant la diversité fatale et fatalement guerroyante des Fois ; si les sociétés de science arrivaient à pouvoir supprimer fidéismes et rationalismes, on doit penser qu'on n'aurait plus que des guerres pour cause commerciale, pour rivalité d'influence, pour question d'honneur. Ceci réduirait approximativement, selon les chiffres à peu près exacts des trois derniers siècles, le nombre des guerres à quinze (rivalité d'influence), cinq (commerce), quatre (honneur) c'est-à-dire vingt-quatre au lieu de deux cent quatre-vingt-dix à trois cents.

En admettant même que les conflits fussent plus nombreux, quelle large marge à l'avantage de l'impersonnalisme, qui représente en somme la démocratie issue de la science.

Supposez la démocratie conduite par la méthode impersonnelle, quelle promesse nouvelle de paix ! Car cette méthode c'est l'apaisement de la personnalité du *Moi* devant les lois absolues de la science ; par conséquent si la science est faite, ce serait le règne de la science et de la justice. Ce serait la réalisation de l'idéal des Aryas, de l'idéal de la France, que viendrait opérer la méthode impersonnaliste, au lieu des troubles incessants des méthodes fidéistes et rationalistes. La cinquième partie de cet ouvrage nous démontrera la validité de cette affirmation.

La méthode et le critérium impersonnels changent l'axe de la pensée humaine et par là le cours des développements humains, comme la science a changé le cours des hypothèses systématiques dont le monde avait vécu. L'expérimentation de la science le prouve comme l'histoire, comme l'expérience vitale, comme l'instinct animal. La sécurité des opérations de la pensée n'existe qu'à la condition qu'elle adopte un critérium de vérité qui lui soit impersonnel ! Si la raison est critérium, on comprend que dans toutes les questions elle sera juge et partie, que par conséquent elle rejettera ce qui sera contraire à ses désirs, à ses passions, à ses intérêts ; et que la vérité c'est-à-dire la science et le progrès ne se feront pas.

Nous sommes donc au bout de ce combat de la méthode fidéiste et de la méthode rationaliste. L'expérience des siècles a épuisé les recommencements de l'une et de l'autre. La nécessité de changer la méthode et le critérium s'imposent.

Et les hommes seraient assez aveugles pour ne le pas voir ! Ils doivent pourtant finir par comprendre ce qu'il en coûte. Ces mots critériums, méthodes fidéistes, rationalistes, qui dans cet écrit demeurent à l'état d'abstractions philosophiques, nous les avons montrés vivants dans la double *Épopée Humaine,* dans l'*Histoire Universelle.* Cette réalité de la vie vous a-t-elle paru assez terrible en douleurs séculaires, en tyrannies, en supplices, en massacres, en guerres, en assassinats, en haines sans fin ? Toutes les batailles de l'humanité couvrent des questions de critériums. Ces mots qui semblent dans le langage philosophique si innocents se réalisent en horreurs.

CHAPITRE VI

Espoir qu'on vérifiera à la cinquième partie de cet écrit.

Or, l'humanité peut-elle sortir de tous ces gouffres ? Peut-elle de tous ces âges de fer remonter à l'âge d'or ? Oui.

Pourquoi l'a-t-elle perdu ? Par son ignorance de la loi de la méthode naturelle et du vrai critérium infaillible. Pour ne pas le perdre que lui aurait-il fallu ? La science de la méthode vraiment faite, et par elle la connaissance du vrai critérium infaillible (parce qu'il est scientifique), auquel l'esprit humain doit la confiance, la docilité, l'obéissance !

Disons-le hautement si la révélation par un homme-Dieu, Wichnou, Krichna, Jésus ; par un prophète, Zoroastre, Manou, Moïse, Mahomet eût été possible ; si ce n'était pas un vain rêve d'enfant, qui ne se rend compte ni de Dieu ni de l'homme, ni de leur lien certain, cette révélation n'eut pas été autre chose que la révélation de la méthode. C'est le fil conducteur des intelligences, des âmes, des sociétés, des religions. Tout eut été sauvé par la connaissance divinement infuse du vrai critérium. Il n'en est point ainsi. Nulle révélation ne l'a dit. Toutes les révélations ont donné des critériums faux. Toutes ont laissé à la science la tâche ardue de découvrir le vrai. Labeur terrible en effet sur lequel les peuples rationalistes se sont épuisés en face de l'épuisement des peuples fidéistes. Les siècles ont passé ainsi ! Ce que ces mots cachent de douleurs, votre cœur, votre imagination, si sensitives qu'ils puissent être, ne vous les diront jamais tous. L'*Épopée Humaine* vous en raconte quelques-uns.

Or, après des tâtonnements longs, l'esprit français est parvenu à constituer la science de la méthode, à déterminer scientifiquement quel est le vrai critérium infaillible et impersonnel. C'est celui-là même que suit la nature dans son travail physico-chimique, que suit le sûr instinct animal, qu'ont suivi les Aryas védiques de l'âge primitif, que suivent tous les hommes qui luttent avec les éléments de la nature, que suivent enfin inconsciemment et empiriquement encore tous les artistes génials, consciencieux et profonds, tous les savants, ces faiseurs sacrés des découvertes sauveuses et des admirables progrès de nos sciences. Quel est-il ? Le Fait.

La méthode est constituée en science. C'est non plus seulement un ensemble de règles et d'aphorismes plus ou moins sages, mais toujours incomplets et par là désorganisant toujours le savoir total ; c'est bien une vraie science faite avec ses principes, ses règles, ses faits propres, ses conséquences universelles. Le Fait est désormais au nom de la science le seul critérium infaillible que l'humanité puisse, doive admettre ! Et ce critérium infaillible est d'essence impersonnelle à l'homme, à tout homme, et il élève l'humanité à l'infini. Il n'y a pas de critérium si le critérium est personnel !

Que la méthode impersonnelle soit enseignée à l'enfance au lieu des méthodes des fidéismes et des rationalismes, le changement des habitudes d'esprit est opéré ! Plus d'infatuation possible, puisque nul homme ne peut se poser en critérium infaillible. L'humanité ne fera plus que rire de ceux qui auraient cette prétention. C'est la docilité savante, c'est le sérieux apporté à toutes les opérations de la pensée, naïvement, par habitude d'éducation depuis l'enfance, donc appliquée aux actes de la vie individuelle et sociale. C'est le progrès dans l'humanité. C'est l'union des intelligences dans le fait infaillible cherché, trouvé. C'est la liberté de tous devant le fait et par le fait. C'est la science des faits et des lois, qui sont des faits supérieurs, devenant la vie des nations !

On ne peut éviter les excès des fidéismes et des rationalismes qu'en changeant le critérium de l'humanité. Et cela se peut toujours ! Étudiez la méthode !

Un homme peut, quand il veut, modifier le cours de sa vie. Se convertir c'est changer de critérium. L'homme peut de catholique se faire protestant, de protestant libre penseur, de libre-penseur méthodiste impersonnel ; de même il peut se faire musulman, bouddhiste, rationaliste. L'axe de son âme est changé. Toute la vie est changée. Il n'a pas fait autre chose que cela : changer de critérium, directeur infaillible. Les jésuites doucereux savaient ce qu'ils faisaient en se disant directeurs. Le mot coulait tendre, la chose était terrible. Le jésuite était critérium de pensée, de vie, il pressait l'homme, la femme, les enfants, les mourants, dans l'étau de l'infaillibilité. Comment s'arracher des mains de ces hommes qui tenaient l'oreille et le cœur des rois et toutes les avenues sociales ? On le faisait pourtant, car le lâche seul reste l'esclave. Épictète était libre, car son critérium était au-dessus du maître.

Les peuples peuvent agir ainsi. Je l'ai dit : La saute du vent peut faire comprendre cette saute de la pensée, la conversion. L'homme, les peuples peuvent toujours arrêter le cours de la logique fatale des critériums infaillibles. En faisant quoi ? En s'instruisant dans la science de la méthode, la mère des science, mais aussi la mère de la vie des hommes et des sociétés. La liberté de la vie humaine et de l'histoire est une vérité. Cela dépend de l'instruction, de la volonté de l'homme à approfondir la science des sciences, la méthode, la clef de la science, comme parle notre loi salique. Il faut que l'homme vive les yeux fixés sur les axiomes de la science de la méthode, et sur la recherche du vrai critérium infaillible.

Toute civilisation ne vaut que ce que vaut son critérium, que ce que vaut sa méthode de penser ! C'est donc à chaque homme, à chaque peuple, à choisir son critérium et sa méthode en vue de l'œuvre, de la civilisation qu'il veut enfanter ! L'histoire est dans la main des hommes, nous le verrons. L'avenir leur appartient. Ils en sont les maîtres ! Ils peuvent le commander ; il obéira ! Il sera ce qu'ils voudront qu'il soit ! Voilà ce que la science de la méthode donne à l'homme !

Vous vous étonnez ! Méditez profondément : puisque les civilisations sont la conséquence logique des critériums infaillibles choisis, comme nous l'avons vu et le verrons encore ; choisissez le critérium et vous nécessiterez les conséquences et les civilisations. Que si vous prenez un critérium fidéiste, vous referez les théocraties antiques. C'est ce qu'a fait Jésus et il nous a donné le moyen âge. Que si vous adoptez un critérium rationaliste, vous ferez les libertés d'une heure de la Grèce et de nos révolutions. Mais arrêtez-vous au critérium impersonnel et scientifique, et vous opérerez la transformation des sociétés de foi en sociétés de science et de progrès indéfinis.

Voilà la loi de l'histoire et du progrès par la méthode.

TROISIÈME PARTIE

LA LOI DE L'HISTOIRE ET LA PROVIDENCE

CHAPITRE Ier.

La Loi de l'Histoire et la Providence.

I. — Il résulte des deux premières parties de cet écrit :

1° Que les constantes humaines, c'est-à-dire fidéistes et rationalistes, ont jusqu'à présent été les seules qui aient conduit l'histoire. Nous devons savoir si elles impliquent l'action de la Providence.

2° Il résulte aussi qu'il existe une constante souterraine, pour ainsi parler, innommée, inconsciente, inconnue encore, qui est comme la loi réflexe de la vie et de l'histoire. Nous aurons à approfondir vraiment sa portée, la puissance qu'elle peut avoir, si elle est continuée par la science de la méthode. Nous le verrons à la quatrième et à la cinquième partie de cet écrit.

II. — Ce n'est pas la Providence, c'est l'homme qui fait l'histoire.

Si audacieuse que paraisse cette proposition nous allons voir qu'elle n'est qu'une vérité très simple, si elle est profonde.

En faisant de la méthode et des critériums infaillibles ou reçus comme tels, la loi de l'histoire, nous faisons sortir de la nature humaine, de l'essence de l'esprit humain tout le développement des temps, nous l'avons vu.

C'est l'homme qui choisit son critérium infaillible. C'est

lui par conséquent qui détermine la logique fatale où il va s'engager. Le critérium infaillible adopté va nécessiter toutes les conséquences qu'il implique. Ces conséquences vont se faire jour dans les siècles, se développant lentement, an par an, siècle par siècle, mille années par mille années.

Oui c'est l'homme qui fait l'histoire, et non pas la Providence.

Ne criez pas à l'impiété ; ce serait absurde. Un professeur place des corps dans un creuset. Les affinités les entraînent au précipité l'un dans l'autre. Se contentera-t-il de dire à ses auditeurs : Voilà l'action de la Providence ? On lui rirait au nez. Ce que l'on veut savoir de lui, c'est la loi de ces affinités chimiques. La loi des affinités historiques, la loi du précipité des événements, des civilisations, voilà ce que doit chercher l'historien.

La Providence n'a pas plus à occuper l'historien que le chimiste. L'homme fait l'histoire, comme il fait un cristal, un corps nouveau, une machine, une voiture, un tableau, un poème. Et l'homme fait l'histoire par le choix de son critérium infaillible et de sa méthode de penser ! A partir de ce moment, il va, logicien, en tirer toutes les conséquences par les vertus ou par les vices, par la stagnation ou le travail, par les œuvres d'esprit, par l'art, les recherches de science, la philosophie, par les batailles, les institutions ! Le précipité chimique s'opère.

Bossuet et avec lui tous nos historiens, libéraux ou non (car toutes les nuances ici sont d'accord sauf les fatalistes athées), nous donnent comme explication secrète des faits de l'histoire une action providentielle. Eh ! bien, ils méritent qu'on leur rie au nez comme ce chimiste-professeur, parce que au lieu de nous montrer la loi de l'histoire, il se contente de nous dire : La Providence a fait ce cristal sous vos yeux, Dieu a fait cette victoire, Jéhovah a tué vos ennemis, Jésus a massacré pour son peuple. Cela c'est tout un.

Étrange louange à Dieu d'avoir fait ce massacre, cette civilisation pourrie !

Heureusement pour Dieu c'est l'homme qui fait l'histoire.

D'autre part ceux qui croient que les événements sont une absolue fatalité, un aveugle tourbillon traînant l'homme fait à fait dans un invincible engrenage complètement indépendant de sa raison, de sa volonté, ne sont pas plus dans le vrai.

Je l'ai dit : L'histoire est une liberté. Il y a engrenage fatal, oui ; mais cette fatalité, venant du choix que l'homme fait de son critérium, n'est pas imbrisable. Au contraire elle peut être anéantie par l'élection d'un critérium nouveau.

Nous l'avons montré en faisant voir que si un homme peut changer de critérium, se faire catholique, protestant, gallican, libre-penseur, impersonnaliste comme il se fait musulman ou bouddhiste, un peuple peut de même par l'éducation changer sa méthode, son critérium, l'axe de sa vie, les conséquences de son existence ! Par conséquent il peut changer l'histoire !

Vous doutez ? Comment vous ne voyez pas que puisque un homme peut à son gré prendre un de ces critériums dits infaillibles qui s'appellent Krichna, Manou, Bouddha, Jésus, la Papauté, Calvin, Luther, Henri VIII, ou la raison, l'expérience, le calcul, le syllogisme, l'évidence, la conscience, le moi, l'organisme, dix hommes, cent hommes, mille, cent mille hommes, un peuple, une civilisation peuvent en faire autant ! Eh ! bien, voilà l'histoire entière refaite comme la vie d'un seul individu !

L'histoire est donc du même coup soustraite à la fatalité et à la Providence. L'histoire appartient bien à l'homme, comme la vie de chacun de nous nous appartient. Nous pouvons en faire ce que nous voulons avec de la science, du courage et de la volonté. Comme l'homme peut diriger sa vie, il peut diriger l'histoire par la science de la méthode. Et il la conduira d'une façon sûre par la méthode-science définitivement constituée !

Ce que les historiens prennent pour une action providentielle, c'est une simple suite logique, dont ils n'ont pas su voir la cause, la logique du critérium accepté comme point de départ des opérations intellectuelles et sociales. Le bonheur de l'homme est dans la science de la méthode. C'est en l'approfondissant, en s'en pénétrant qu'il arrivera à l'ordre social libre, comme c'est la liberté qui mène à la science.

Vérifiez attentivement par l'histoire. Quand les chefs de peuple ont adopté le critérium catholique, instantanément la logique du catholicisme s'est mise en marche et s'est imposée peu à peu ! C'est très long ! Cela met des siècles ! Il ne faut pas que ces longueurs de temps, ces masses d'événements agglomérés, désordonnés, vous aveuglent. Cela se fait par poussées successives, jusqu'à ce que le bout soit atteint ; jusqu'à ce que l'on soit arrivé à la dernière expression du critérium ! Le critérium mauvais arrive toujours au meurtre, à l'absurde ; et nous avons vu si le catholicisme y est arrivé par Bysance et le moyen âge, par l'inquisition, le bysantinisme, la scolastique, la casuistique ! C'est le couronnement fatal de l'édifice fidéiste. Nous l'avons vu dans la Révolution par la terreur, ce couronnement naturel et logique du *Moi* critérium. Robespierre n'est que le grand prêtre du *Moi*. C'est sa réforme à lui. Il est le Mahomet de sa personnalité, le Jésus de sa raison, le Calvin de lui-même ! C'est le rationalisme individuel se faisant Dieu. Les Allemands, selon leur coutume, ont passé tout ce siècle à faire le commentaire et la paraphrase de notre déesse raison. Le mot d'être suprême n'est qu'un mot politique dans la bouche de Robespierre, qui n'est que le théocrate de lui-même. On n'est pas théocrate parce qu'on affirme Dieu. Voltaire l'affirmait et n'avait rien de la théocratie.

Robespierre en est saturé parce qu'il est le prêtre de la Foi en soi-même. Il a l'esprit prêtre comme Rousseau qui condamne le rénégat de sa religion d'état.

Un historien doit s'abstenir de s'occuper de la Providence comme le physicien ou le chimiste. Pour expliquer l'histoire il faut des lois, comme pour se rendre compte de ce qui se passe dans la machine ou le creuset. Est-ce que lorsqu'une locomotive saute vous dites : Voilà l'œuvre de la Providence ? Non, mais du chauffeur ou de l'aiguilleur, ou du fabricant de la machine, suivant la nature de l'accident. Un historien doit laisser volontairement de côté la Providence, car il manquerait, comme l'ont fait tous les grands conteurs jusqu'ici, à approfondir la cause déterminante des événements. Il faut simplement que tout savant, l'historien comme les autres, cherche le rapport intime des faits qu'il a à connaître c'est-à-dire leur loi.

Je ne m'occupe pas ici d'affirmer ou de nier philosophiquement la Providence. Un livre d'histoire n'a pas ce but uniquement métaphysique et religieux. Il faut laisser cette question de côté et montrer que ce que les historiens, les politiques rapportent à la Providence doit être attribué à une loi de développement des nations. Ce que l'on nomme Providence en histoire ne représente pas une loi, mais un caprice de Dieu, un choix des Olympes, un dogme des élus, toutes questions étrangères à l'histoire proprement dite, considérée dans sa marche.

Cependant il y a là très certainement une force cachée. On l'a tenue jusqu'ici pour un mystère, et les historiens n'en ont jamais découvert le vrai sens. Je le présente en montrant d'une manière irréfragable que tous les développements, quels qu'ils soient, des peuples, ne proviennent que du choix de leur critérium infaillible, et par conséquent de l'état de la science de la méthode dans l'humanité.

Je dis plus : On vivait tellement de ce mot Providence que jamais personne, sauf les fatalistes athées, n'a cherché à le pénétrer. Ces derniers se sont contentés d'une négation. C'est trop peu ; l'on n'arrive à rien. Il faut la loi précise exacte dans sa formule pour que tout s'explique. Les faits sont des rapports dont on ne comprend l'ordre que par le rapport supérieur qui les relie, c'est-à-dire par la loi.

Prenons un exemple pour clarté. Sous la Restauration Royer-Collard s'écriait : « La démocratie coule à pleins bords ; que d'autres s'en affligent ; pour moi j'en rends grâce à la Providence ! » Que signifie Providence ici ? Une force qu'on ne connaît pas et qu'on s'évite la peine d'étudier, aveuglé qu'on est par le grand mot. Cette force la voici : Le gouvernement de la Restauration représente le fidéisme, c'est-à-dire la méthode de penser qui impose aux hommes le prêtre et le roi, comme critériums infaillibles de la pensée et de la nation. Mais Descartes et la Révolution Française ont apporté un autre critérium infaillible : La raison humaine, qui, donnant à chaque raison le droit de penser et de vivre selon sa pensée, appelle, nécessite logiquement la démocratie. Donc la démocratie que Royer-Collard attribue à la Providence, n'est que la suite logique et fatale de la méthode et du critérium rationalistes de Descartes, de Rabelais, d'Abeylar, de la loi salique.

Michelet, Henry Martin, Thiers, Guizot et tous ceux qui n'ont pas été des simplistes fatalistes ont commis la même faute que Royer-Collard, que tous les écrivains fidéistes de tous les temps qu'ils soient libéraux comme Fénelon, autocrates comme Bossuet.

Aucun historien n'a pénétré la vrai vie de la France ni qu'elle en est la cause méthodique. Nul n'a vu que la France est rationaliste dès la loi salique. Tous ont omis son grand idéal, qui est toute une méthode avec son critérium et toute une justice morale : *Chercher la clef de la Science (la Méthode) et la Justice par ses facultés* (PAR LA

Raison). Ils n'ont pas vu dès lors l'action séculaire de ce critérium rationaliste se développer dans des conséquences qui leur semblent inattendues, imprévues, et qui sont simplement logiques et fatales au principe point de départ. Ils ont appelé cela l'action providentielle. C'est pure action du critérium infaillible et de la méthode. Oh ! l'histoire de France et, le dirai-je, l'histoire universelle est à refaire. Nous avons cherché à en donner l'esprit dans l'*Épopée Humaine,* dans notre *Histoire Universelle.*

Les guerres des hommes, leurs changements, leurs institutions, leurs systèmes, leurs mœurs, se réduisent à des questions de méthode et à des critériums infaillibles choisis. Voilà qui simplifie et éclaire singulièrement la vie. Tout s'ouvre tout d'un coup. Tout l'avenir s'illumine. Ce n'est plus un gouffre. C'est un monde défini à parcourir. Quel est votre critérium, ou quels sont vos critériums infaillibles, si vous en avez plusieurs ; ce que font toujours les politiques, les habiles, croyant, en aveugles, qu'ils sont les forts et s'affaiblissant par là même ? Dites-le moi et je vous dirai où vous allez. L'expérience est tellement démontrée par l'histoire des peuples et des individus, que désormais on peut l'annoncer *à priori.*

Qui prend le critérium catholique aboutira de proche en proche à l'inquisition, qu'il le veuille ou refuse. Les Fénelon, les Saint-Vincent-de-Paul de tous les temps protestaient dans leur cœur. Ils ont subi. Jamais les prêtres doux n'ont fui du giron de l'église, loin des Innocent, des Dominique, des Bossuet. C'est que ces derniers étaient les vrais, les solides, les sûrs logiciens, les fatals. Tous le sentaient.

Qui prend le critérium rationaliste de Descartes, de Voltaire, aboutira à l'esprit de la Révolution Française, et tombera dans les fautes, les crimes du moi-critérium. Les Girondins et Danton ont protesté. Ils ont péri ! Le logicien implacable du moi n'est tombé que le dernier, pour faire place à un autre moi plus fort et plus génial que lui.

Les individus à tempéraments modérés, les honnêtes esprits, les grands cœurs peuvent protester contre la nécessité logique, s'y refuser, rompre son cours. Le cours du temps ne le peut pas!

Le Saint-Esprit prétendu inspirateur des conciles et des papes, c'est la simple tirée logique des dogmes posés par Jésus. Car Jésus, quoiqu'on dise, est un dogmatiste absolu, ne fût-ce que par le dogme des élus et par l'enfer éternel, qui font de sa religion, quand on creuse à fond cette question, le culte le plus épouvantablement injuste, le plus effroyablement terrible qui ait jamais, vous entendez bien, jamais été imaginé par les Fois. Les théocraties anciennes avaient plus respecté la bonté de Dieu. Ahriman s'effaçait.

La Providence des historiens c'est simplement le nécessaire développement d'une méthode de penser. La fatalité logique d'un critérium infaillible accepté, voilà ce qui conduit les individus, les peuples, les papes, les prêtres, les rois, malgré eux. C'est la loi de l'histoire.

Il n'y a pas de Providence en histoire! Il y a la loi de l'histoire qui est la méthode et le critérium choisis.

Chers savants, voilà enfin l'histoire placée au même rang que toutes les sciences positives et mathématiques. Elle ne relève que d'elle-même, de ses lois de développement. C'est un pas que nos historiens n'avaient point jusqu'ici fait faire à leur science. Le *Deus ex machina* n'existe pas plus sous la forme *Ananké*-fatalité, que sous la forme Providence. Il n'est pas plus destin ou Dieu opérateur pour l'historien que pour le chimiste, le physiologiste, le mathématicien. Le *Deus ex machina* c'est le critérium infaillible.

C'est donc bien ici ce que mon avant-propos a promis : la *constitution scientifique de l'histoire*. Nous avons sa base d'action et ses lois de progression définies et certaines enfin! Elles nous permettent d'affirmer que l'histoire aura des progrès proportionnels à la science faite de la méthode.

Sa base d'évolution c'est le critérium adopté comme infaillible ; ses lois de progression sont les conséquences implacablement logiques et fatales qu'engendre tout critérium dit infaillible.

✢

CHAPITRE II

Où est la Providence pour l'Histoire.

La notion exposée dans le précédent chapitre, toute scientifique, ne touche nullement à l'idée de Dieu et même de Providence. Ceux-là peuvent l'admettre qui croient à la Providence et à Dieu tout aussi bien que ceux qui les nient.

En effet, si vous n'invoquez pas la Providence et Dieu pour expliquer la combinaison de deux corps dans un creuset, l'assimilation des aliments dans une digestion, les mouvements de vos membres dans une course, pourquoi les invoquer pour vous rendre raison des événements de l'humanité ? Une combinaison chimique est la conséquence logique et nécessaire des affinités de deux corps en présence ; une digestion la conséquence logique et nécessaire des affinités de l'aliment et de l'intestin ; une série historique est la conséquence logique de la présence d'un critérium absolu et d'une société qui se l'assimile ! Tout s'opère par des lois !

Dieu providentiel ne vient pas enfanter la suite des opérations de la combinaison chimique, de la digestion, de la course humaine, de la série historique. On ne dirait pas sans rire : Dieu a fait une bonne digestion de mon dîner, une bonne course de mes jambes. La bonne digestion de l'aliment vous a donné de la force et la force acquise a causé la belle course. L'activité, l'affinité et la logique nécessaire des éléments en présence amènent la conséquence, selon le développement naturel des lois.

Sous cette suite de conséquences nécessaires, l'on peut découvrir une action première : la transmission, la transformation de la force, laquelle peut être attribuée comme cause première à un Dieu-Providence pour ceux qui admettent l'existence de Dieu.

Quant à ceux qui ne l'admettent pas et qui ne remontent qu'à la source des forces terrestres, ils l'attribueront simplement au soleil.

Le soleil donne en effet à la terre toute l'énergie qui s'y dépense par transformation de la force mouvement en chaleur, lumière, etc. Direz-vous que le soleil fait l'histoire ? Cette absurdité n'a pas besoin d'être réfutée.

Eh ! bien, pas davantage la Providence ne fait l'histoire. Que l'on admette une Providence donneuse de force universelle, c'est une autre question. Mais quand on voit la vie en acte, tout s'y opère par les êtres agissant, les uns fatals, les autres libres dans des lois.

Dire l'homme s'agite et Dieu le mène est un grand mot vide, tout au moins. La vérité est que l'homme s'agite et que son critérium infaillible choisi le mène au bien, au mal, au progrès, à l'abîme, au vice, à la perfection.

Que prouve la théorie scientifique que nous exposons ? Que l'action de Dieu (s'il est démontré par la science) a été mal pénétrée, mal expliquée ; mais elle n'implique pas nécessairement la négation de l'action puissantielle, providentielle de Dieu. Quand un homme arrête des chevaux emportés et sauve des existences d'hommes, vous ne dites pas : C'est Dieu ou c'est le soleil qui a sauvé ces hommes. Et cependant il est certain que celui qui a arrêté les chevaux tient sa force du soleil. Il n'a agi que par elle. Mais c'est bien lui, homme, qui a fait l'acte ! Reportez la question du soleil à Dieu-Providence. C'est par la force communiquée par Dieu que l'homme a agi. Et cependant c'est bien l'homme qui a accompli l'acte.

L'action de Dieu-providentiel ne procède nullement par miracles, mais par lois. Le miracle est un rêve de prêtre et parfois un mensonge. Dieu-Providence ne fait pas de miracles. Dieu peut être un transmetteur de force universelle. Et les choses, les êtres vont, agissent selon les lois de composition et d'activité qui les régissent. Ainsi Dieu peut être conçu (par ceux qui y croient) comme le moteur incessant, universel et unique, et cependant tous les actes seront la conséquence des rapports des choses et des êtres. Ceux qui ne croient pas à Dieu, peuvent se représenter ce Dieu par le soleil, lequel d'ailleurs est au fond le médiateur de toutes les grandes religions qui, en résumé, ne sont que des religions du feu. Jésus est un Vichnou, un Ormuzd, un Osiris qui ne s'est réservé que la transmission du feu de la grâce, comme l'Apollon l'inspiration de l'esprit.

Cette théorie peut donc être acceptée aussi bien par les affirmateurs que par les négateurs de l'existence de Dieu. Nous n'avons prouvé qu'une chose, c'est que l'histoire pas plus que la chimie n'a à affirmer Dieu, à s'étayer sur Dieu, mais ne doit au contraire s'appuyer que sur les lois directement génératrices des événements humains.

Si Dieu est, la métaphysique religieuse seule peut nous en faire la preuve. Si Dieu est, il est la source première de toutes les forces que nous contemplons dans la multiplicité de leurs manifestations. En tant que procurateur de force son action secrète est en tout et partout. Mais il y a loin de là à conclure qu'il conduit la main du peintre, du sculpteur, de l'écrivain, du fabricant de brouettes, de l'expérimentateur, du chirurgien, du potier, du broyeur de couleurs, du maçon, du raffineur; qu'il conduit la machine à vapeur, le fil électrique. Encore moins conduit-il la main des tyrans, des bourreaux, des conquérants, des conducteurs d'armées, des massacreurs de peuples, des assassins, des brigands, des voleurs d'héritages, des inventeurs d'explosifs, des envahisseurs ! C'est l'homme seul qui fait toutes ces choses ! Si Dieu est en dessous communicateur d'énergie première, comme le soleil est communicateur de force, encore un coup ce n'en est pas moins l'homme qui pense, veut et fait.

L'homme s'agite, et son critérium le mène. Voilà la vérité dans la vie, dans l'art, dans la science, dans l'histoire. Que la métaphysique prenne la question à ce point et la résolve ; soit. Mais qu'elle n'impose pas plus la Providence à l'histoire qu'aux sciences physiques. L'histoire est une science libre qui a ses faits propres, ses lois propres comme toutes les sciences.

Oui toute force terrestre vient du soleil. Par cette force communiquée, emmagasinée, assimilée, toute pensée, toute existence, tout acte s'opèrent. Choses, êtres, hommes vivent, agissent par le soleil. Pourtant celui qui dirait : L'homme propose et le soleil dispose ; l'homme s'agite et le soleil le mène ; l'homme n'est pas libre, le soleil est seul maître ; la vie humaine est fatale parce qu'elle dépend du soleil ; le soleil est le directeur providentiel de l'histoire ; celui-là énoncerait une série de faussetés analogues à celles des providentialistes et des fatalistes. C'est pourtant ce que font les religions, car Vichnou, Ormuzd, Osiris, Apollon, Jésus sont de vrais médiateurs solaires. Toute responsabilité s'efface. Ce n'est pas moi qui suis coupable peut dire le criminel, c'est le soleil, c'est Dieu. Proposition où le ridicule est aussi flagrant que l'odieux.

L'homme a une force reçue, dont il se sert à son gré. Le vrai de la théorie des religions du feu et de la grâce (ce qui est un), correspond à cela : qu'en effet la terre et l'homme reçoivent leur force ; mais il s'arrête là. L'homme par ailleurs est liberté, l'animal aussi dans ses limites. C'est-à-dire que l'être vivant, avec sa force reçue, est libre d'en user selon la vérité des lois naturelles, ou contrairement à elles; selon la science ou selon le mensonge; selon l'amour d'autrui, selon l'amour de soi ! La Providence ne conduit ni l'homme ni ses états sociaux. C'est à eux à apprendre à se conduire au moyen des lois scientifiques, les seules communications divines que nous ayons. C'est donc à l'homme à se hâter de faire les sciences physiques, mathématiques, morales, morales surtout, car la vertu est la base de tout état social solide. Mais je vois les hommes occupés à chercher la joie, à satisfaire leur ambition, leur vanité, leurs passions; la gloriole des papotages de mots et de couleurs sous prétextes d'art, à se créer de petites touches à eux. Temps perdu, chers amis, si charmant que cela soit. Courez à la science et faites-la. Voilà le salut.

L'homme en possession des lois de la science, qui sont absolues, pourra se conduire librement et conduire ses sociétés, donc conduire l'histoire, selon des lois qui sont ce que les croyants à la divinité ne peuvent pas ne pas appeler les lois de Dieu. Mais, qu'on le pèse, quand bien même l'homme n'agirait que selon les lois mêmes de Dieu, il agirait non providentiellement, mais librement. De même il agit librement, bien qu'étant un produit de la chaleur solaire, quand il obéit ou contredit aux lois du calorique.

Ce n'est pas le soleil, c'est l'homme qui pense, médite, invente le baquet par Pascal, la machine à vapeur par Papin, le ballon par Montgolfier. Le soleil, Dieu ne sont pas plus la Providence d'une bataille que de l'abattage d'un bœuf. C'est le boucher, c'est le général qui tuent et massacrent.

Si donc il y a un Dieu (ce que l'historien encore un coup ne doit pas plus juger que le physicien), on peut concevoir que sa Providence soit le don incessant de la vie dans les limites qu'impose la loi de divisibilité indéfinie des finis. On peut même dire qu'il est l'esprit d'énergie des soleils, qu'il est aux soleils un peu comme les soleils sont aux planètes, en ce sens qu'il leur passe la force ; on peut affirmer que c'est lui qui par le médiateur soleil donne toute force aux planètes, aux êtres, à l'homme. Le rôle providentiel de Dieu serait donc aussi constant que celui du soleil. Et tous deux laisseraient l'être accomplir librement sa vie.

On dit : Mais Dieu n'est pas comme le soleil un corps inerte. Il est l'intellect suprême, donc il doit voir, veiller, conduire ; soit. J'admets et n'ai point ici à discuter, ni à prouver cette définition de Dieu. Une simple loi de transformation d'énergie répond : Quand un corps a reçu une force, il agit par une action propre. Toute force représente une action spéciale à elle seule et que la force engendrante n'a pas. Le mouvement agit comme tel ; arrêté, la chaleur qui en naît a une force propre ; l'électricité une fois enfantée par la chaleur agit comme électricité, avec des effets bien supérieurs à la chaleur génératrice. Le charbon de terre a emmagasiné la chaleur solaire, il produit dans nos foyers une action qui n'a plus rien de commun avec le soleil. Le boulet est inerte par lui-même. Quand le canon et la poudre lui ont communiqué la force, il produit un acte individuel : la destruction.

Tout corps a donc bien une action propre qui n'a de commun avec le premier communicateur de force que la transmission et la transformation de l'énergie. A plus forte raison cette loi est-elle vraie, quand ce n'est pas un corps inerte qui reçoit la force, mais un être organisé de façon à avoir une spontanéité d'action voulue et combinée. L'acte d'un fils est indépendant de la force reçue de son père. L'homme qui est la spontanéité par excellence d'actes voulus sur notre globe, étant l'intelligence supérieure, a l'incalculable puissance que dénotent ses œuvres de civilisation, de science, d'art. Or ces œuvres sont extra-naturelles, c'est-à-dire surajoutées à la nature, donc elles sont indépendantes du premier communicateur de force, soit le soleil, soit Dieu.

L'homme a la responsabilité de ses actes, de ses sociétés, de l'histoire. L'histoire est la vie de l'humanité. L'histoire est donc libre. L'histoire est donc un grand acte humain que l'homme peut conduire par la connaissance scientifique des lois méthodiques, comme il conduit une machine à vapeur par les lois de la mécanique et de la thermo-dynamie.

Il serait vraiment trop commode de reporter à Dieu-Providence les actes de l'histoire. Mais toute la vie est histoire ; ce serait à la fin l'irresponsabilité universelle. Un féodal a brisé le bras d'un pauvre diable ; une sœur a fait le malheur de son frère. Ils murmurent tous deux : soumettez-vous aux décrets de la Providence. Non, dit la loi humaine. Toi, homme fort, tu paieras au pauvre des dommages et intérêts ; toi, sœur, dit la loi morale, tu es méprisable d'avoir fait le malheur de ton frère. Réparez vos actes mauvais, tous deux, et n'ayez pas l'hypocrisie de reporter à Dieu ce dont vous êtes seuls responsables. Les clergés de tous les temps ont souvent vécu aux dépens de l'humanité ; le moyen âge nous a dévoilé les douleurs de ces états terribles ; soumettez-vous à la volonté de Dieu, disait l'Église aux dépouillés de l'Inquisition. Quoi ! C'est vous qui faites le mal, et vous le faites endosser par Dieu !

Historiquement la Providence n'est pas seulement le plus odieux, le plus insultant mensonge envers Dieu, c'est le plus dangereux pour l'homme. La science de la justice morale, comme l'histoire la doivent renier également.

Oui l'homme s'agite et Dieu le mène est une insulte à Dieu. Le christianisme est là un fatalisme comme le mahométisme. D'ailleurs quoi de plus fataliste que le dogme des élus et quoi de plus épouvantablement, de plus injustement cruel ! Nulle religion n'a été aussi loin dans la fatalité et l'injustice en établissant un enfer éternel comme sanction. Edipe est dépassé de toute la profondeur de l'éternité du tourment. Zoroastre, Bouddha, Krichna, Manou, admettaient la fin du Satan. Rougissez ô chrétiens !

Dieu-Providence et conducteur des choses humaines, c'est Dieu facteur des vices, c'est Dieu préférant le vice vainqueur à la vertu vaincue ! C'est le Dieu des batailles, le Sabaoth des meurtres et des vengeances ! C'est le fiel poussé à l'infini de la puissance dans l'enfer éternel ! C'est le déchaînement absolu de la rage humaine prêté à Dieu ! C'est l'antidivinité faite Dieu ! La loi du préantinomique interdit tous ces mauvais rêves. Blasphème à Dieu est la prière du brigand et du conquérant ! Blasphème le *Te Deum* des Brahmes, des docteurs, des prêtres et des papes au Dieu de la victoire. Si Dieu était votre Providence il faudrait dire : Dieu c'est le mal.

S'il est un Dieu (ce dont nous n'avons pas à nous préoccuper ici encore un coup), ce Dieu est le donneur des faits naturels, ces verbes parlant à tout animal, à tout homme venant dans ce monde, donneur des lois qui peuvent diriger, parfaire la vie. L'emploi des faits, des lois, des forces est laissé à l'homme. C'est par là que l'homme ajoute à la nature des faits nouveaux ; c'est par là que sa vie est libre du vice à la vertu ; liberté non absolue, enserrée dans des lois, mais liberté réelle. L'homme fait la statue, le tableau, le corps nouveau, librement, mais il ne les fait que par le respect des faits et des lois. L'homme est libre de s'affranchir des lois, puisqu'il peut se suicider ; mais encore cette suprême liberté s'exerce dans et par les lois. Ainsi l'homme fait l'histoire. C'est la collaboration totale des hommes dans un peuple, des peuples dans l'humanité.

Ne mêlons donc pas Dieu à nos infamies ! Dieu n'est pas la Providence qui nous mène ! Nous nous menons nous-mêmes dans les lois, par les lois. C'est à nous de les connaître par la science, pour nous conduire et conduire nos sociétés avec sagesse, avec ordre, avec justice !

Nous pouvons tout, armés des lois de la science. Sans elles nous ne pouvons que des semblants.

Nous pouvons faire l'histoire, faire le développement des choses humaines *à priori*, comme le mathématicien est sûr de ses calculs. Nous pouvons non être Providence, mais trouver notre Providence.

Oui les lois de la méthode étant scientifiques, le critérium infaillible sera la Providence qui conduira la conscience, les pensées, les mœurs, les états sociaux ! C'est l'essence du critérium d'être Providence. Et les hommes qui ont l'audace de se faire critériums, se font Providence et Dieu. Blasphème !

C'est le critérium qui mène. C'est lui qui prépare l'avenir ! C'est lui qui corrige le passé ! C'est lui qui, conduisant à la vérité, appelle l'homme à la vertu, s'il est enfin le vrai infaillible.

Pénétrez-vous de cette pensée que vous avez cette force dans la main par la science de la méthode ; et pleins d'humilité vous deviendrez pleins de grandeur !

Pleins d'humilité vous le serez, car le critérium scientifique vous force à l'impersonnalité ! Pleins de grandeur, vous le serez aussi, car vous n'aurez plus seulement la force de l'homme, mais la force des lois absolues de la science. Or elles sont la certitude, que Dieu soit ou ne soit pas !

Certes le Dieu des Fois, facteur du mal, est fait pour dégoûter de la notion de Dieu ! Les Fois nous prouveraient par là même que Dieu n'est pas ! Car Dieu, s'il existe, ne peut ni faire, ni approuver le mal ! Or voyez-le tromper et massacrer dans la Bible, jeter à l'éternité du tourment dans l'Évangile. Les Fois ne nous ont donc pas donné Dieu, en nous le faisant Providence, mais les passions humaines divinisées. Laissons donc de côté leurs grands mots, cherchons la Providence immédiate où elle est dans la science de la méthode ; ne nous occupons que des lois de la science, qui, étant absolues, nous montreront bien si Dieu est ou n'est pas.

En attendant ici contentons-nous d'avoir constitué l'histoire en science libre et positive ayant ses faits observables et certains, ses lois si indestructibles qu'elles sont de vrais axiomes.

QUATRIÈME PARTIE

DES ÉLÉMENTS MÉTHODIQUES NÉCESSAIRES

POUR

L'ACCOMPLISSEMENT DE LA LOI DE L'HISTOIRE

ET

LE SALUT DE NOS CIVILISATIONS

CHAPITRE Ier.

Dessein des deux dernières parties de cet écrit.

Des trois premières parties de cet écrit nous avons conclu :

Que la méthode et la logique de son critérium constituent la loi de l'histoire ;

Que l'homme étant libre de choisir son critérium, peut conduire l'histoire, au lieu d'être fatalement conduit.

Nous avons vu que les deux méthodes fidéiste et rationaliste n'aboutissaient qu'à des cataclysmes destructeurs, après avoir sans cesse fomenté les divisions et les guerres.

Il faut donc maintenant se demander si jusqu'ici la loi de l'histoire a été véritablement suivie par les hommes. Il faut pénétrer si la troisième constante ne peut pas remédier aux maux qu'apportent périodiquement les deux autres qui seules ont fonctionné jusqu'ici.

Il faut voir si cette constante naturelle, universelle, à qui nous devons la vie et la continuation de la vie des êtres, ne peut pas arriver légitimement à remplacer les deux constantes d'invention humaine. Il faut savoir enfin si l'on peut parvenir à lui faire accomplir la marche vraie de la loi de l'histoire science faite.

Certes jusqu'ici la loi de l'histoire a bien été obéie. Elle ne peut pas ne pas l'être. Mais étant inconnue elle n'a marché qu'à tâtons et à côté de la vérité. La véritable loi de l'histoire n'a réellement été jamais pratiquée. Quelle est-elle ?

C'est l'ordre et le progrès accomplis par la science faite de la méthode et par le critérium scientifique enfin. Puisque la science de la méthode n'était pas constituée jusqu'ici, la loi de l'histoire ne pouvait donc pas être vraiment suivie. Tout a avancé et reculé au caprice fatal des deux méthodes artificielles, la fidéiste et la rationaliste.

Les deux méthodes fidéiste et rationaliste sont donc appelées à se fondre dans la méthode naturelle, la méthode vitale, la méthode impersonnelle science faite. Et alors la loi de l'histoire sera suivie dans son parfait développement. Nous allons le montrer.

CHAPITRE II

Le Progrès dans les décadences.

Le progrès au milieu des décadences ! C'est là certes un mystère étrange et qu'il nous faut pénétrer.

On ne doit point se farder la vérité, on ne doit point hésiter à la dire : La civilisation européenne, l'américaine, qui en est une copie, sont des décadences.

Parmi les nations, les unes (France et Amérique) sont des décadences du rationalisme, impuissant à organiser et à contenir les hommes dans la vertu en même temps que dans la liberté.

L'Amérique, utilitaire comme les races anglo-saxonnes et tudesques qui la composent, se soutient par un artifice fidéiste : L'axiome Christ. Puéril équilibre qui cache la désorganisation universelle de la pensée religieuse, et qui, étant un dogme, arrête encore l'essor de la science sur cette question fondamentale. On pousse le dogme à sa plus simple expression ; on n'en admet qu'un seul ; on débride l'esprit sur tout le reste, et l'on croit avoir l'unité des pensées. On n'a qu'une hypocrite unification, qui cache la divisibilité indéfinie des intérêts, des sectes, des coteries. C'est en réalité un profond désordre.

Le sentiment moral, plus haut et plus fort en France, n'admet pas l'utilitarisme pour base, et veut toujours droitement chercher la clef de la science et la justice. Il ne peut se satisfaire de ces compromis politiques, quand il s'agit de vérités de conscience. Cette tendance a certes de grands inconvénients ; elle partage la patrie en deux camps, rationaliste et fidéiste, qui ont un fond de loyauté réelle de conscience, mais qui mettent la patrie en danger.

Quoiqu'il en soit, France et Amérique, malgré tous leurs efforts, n'arrivent pas à vaincre leurs doutes intimes ; elles se sentent sans règle profonde. L'incrédulité secrète encourage les intérêts bas, les passions peu nobles et pousse aux décadences !

Les autres nations participent de ces causes de dégénérescence, mais elles en ont d'autres formidables. L'Angleterre et la Prusse, peuples bibliques, ont pris au vieux livre toute sa partie de brutalité et de fourberie. Elles ne sont que des pays d'intérêts et de décadence protestante. L'Italie et l'Espagne sont les dégénérescences du catholicisme, que nous avons signalées dans le courant et sur lesquelles nous reviendrons encore. La Russie est la décadence de l'orthodoxie autocratique, qui est analogue à celle de l'orthodoxie théocratique. Voilà le fond de l'abîme. Autocraties, théocraties, libertés se roulent, se déchirent au fond du gouffre dans les immoralités de toutes sortes, hypocrites ou cyniques. Niez si vous l'osez.

Quelles en sont les causes? Ce que nous avons dit dans les pages précédentes nous permet de répondre : Les méthodes des fidéismes ont conduit à ce terme les tyrannies et les théocraties. Les méthodes des rationalismes y ont poussé les libertés.

Et cependant la science avance, la science établit le progrès au milieu des décadences !

Est-ce là que sera le salut? Les sociétés antiques n'avaient point la science. Elles sont tombées. Nous l'avons; tomberons-nous ? Oui, si nous n'avons que des sciences spécialistes, et si nous n'avons pas la clef de la science, le lien et l'équilibre des sciences : la MÉTHODE.

Le progrès est bien au milieu des décadences ! Il s'agit de savoir le pourquoi de ce phénomène inouï.

Il est dangereux, car il nous trompe sur notre véritable état. Nous faisant voir des pas en avant, il nous aveugle sur nos chutes. La civilisation est aujourd'hui comme l'homme ivre qui marche encore malgré son vice, mais dont les chancellements disent qu'il va tomber.

La raison en est profonde ; la voici :

La science se croit rationaliste. Elle ne se défie pas des méthodes rationalistes qui l'entraînent bientôt, et avec elle tout notre monde. Elle croit ne devoir sa certitude qu'à la raison humaine par les critériums de l'expérience, de l'évidence. Nous allons lui prouver plus loin (longuement) qu'elle se trompe ; que sa pratique (empirique, mais vraie), nie tous les critériums rationalistes quels qu'ils soient, pour ne se fier qu'au seul critérium infaillible, parce qu'il est impersonnel, le FAIT. La mathématique avance, parce qu'elle ne croit qu'au fait numérique se représentant indestructible au bout de toutes les opérations bien faites du calcul. Les sciences physiques avancent, parce qu'elles ne croient qu'au Fait physique, s'imposant indestructible à la fin de toutes les opérations de l'expérience. Elles ne sont donc pas pratiquement rationalistes, mais impersonnalistes, et elles se disent, se croient rationalistes.

Que leur demandai-je? Peu de chose et beaucoup : De reconnaître que leur pratique est bonne et que leurs raisonnements sur la méthode sont erronés. Nous allons approfondir ces vérités.

La science marche donc empiriquement droit dans la méthode, tout en proclamant philosophiquement des méthodes fausses (les rationalistes). La science procède avec la même justesse empirique que le marin, le laboureur, le berger, les sauvages, qui ne se fient qu'aux faits pour la navigation, la culture, la conduite des troupeaux, et qui cependant, en tout le reste, acceptent socialement les critériums faux des fidéismes ou des rationalismes.

Le salut est donc là : Arracher à l'homme tout critérium prétendu infaillible, c'est-à-dire renoncer aux méthodes fidéistes et rationalistes; se river à la méthode naturelle, qui empiriquement conduit toujours bien ; en faire la méthode scientifique ; donner ainsi le critérium infaillible, parce qu'il est scientifique et impersonnel à l'homme, à tout homme, à toute l'humanité. Il n'en est qu'un c'est le Fait.

Nous allons le prouver, et ce point acquis nous arriverons enfin à montrer la nécessité de l'enseigner à l'enfance, à tout homme dans la patrie, dans l'humanité, à la place des méthodes fidéistes et rationalistes, qui aheurtent les esprits dans l'infatuation personnelle ou sectaire. Nous conclurons que là seulement est la vraie, l'universelle unité des esprits humains.

L'homme peut changer de méthode, car nous l'avons vu passer, durant toute l'histoire, des méthodes fidéistes aux rationalistes et réciproquement. Est-ce trop exiger de lui que de lui demander assez de sentiment d'impersonnalité pour adopter la méthode impersonnelle ?

Non ; puisque nous voyons la vie des marins, des laboureurs, des pasteurs, la vie animale et humaine, la science même pratiquer inconsciemment et empiriquement cette méthode impersonnelle qui est celle de la nature.

Non encore ; car, nous le savons, les fidéismes exigent de l'homme une terrible impersonnalité, et l'humanité arrive aux plus excessifs, aux plus cruels sacrifices, pour obéir à un homme, un docteur, un prophète, un pontife-roi, un roi-pontife, un empereur, un fils de Dieu prétendu.

Combien donc sera-t-il facile à l'homme d'arriver à l'impersonnalité méthodique, quand il verra que tous les Faits doublent sa science, doublent sa force, doublent ses progrès, doublent sa liberté et méthodiquement assurent l'ordre de cette liberté !

Quoi ! L'homme qui s'impose toutes les douleurs voulues des fakirs religieux de toutes les Fois, les travaux ardus et irrécompensés de la science abstraite, de toutes les inventions qu'on lui vole, n'aurait pas le courage, bien minime, auprès de tant de douleurs, de faire ce mince sacrifice ! Mais tous les savants le font dans la pratique de leur science ! Ils n'arrivent que par là : suivre le Fait seul dans la recherche de la vérité. Quoi ! l'homme hésiterait, quand il saura que c'est la méthode naturelle et nécessaire à la découverte du vrai, comme elle est nécessaire à l'accomplissement de la vie ; quand il verra que cette méthode n'est plus flottante, mais est une science faite ; lorsqu'il apprendra que la méthode voulue a les mêmes lois que la méthode inconsciente et réflexe, de même que les mouvements voulus des êtres ont les mêmes lois et doivent être d'accord avec les mouvements réflexes et inconscients. Jamais un homme réfléchi n'admettra une pareille inconséquence ! Nous allons donc entrer dans cet examen sauveur.

CHAPITRE III

Le salut peut-il venir soit des méthodes fidéistes, soit des méthodes rationalistes isolées ?

I. — Au nom de l'expérience des siècles et de l'histoire, nous répondons hautement : Non.

Il n'y a pas une méthode fidéiste, c'est-à-dire pas une seule des religions existantes, pas une seule de leurs sectes sans nombre, qui puisse sauver l'humanité actuelle des décadences où elle s'enfonce chaque jour plus profondément.

D'abord (quoiqu'on se batte fort les flancs), on ne croit plus bien sérieusement à ces religions. Elles apparaissent beaucoup comme des partis politiques, des moyens d'autorité, des règles de conduite toutes faites, des coteries organisées capables de protéger, de faire arriver leurs adhérents, capables de faire respecter un pouvoir arbitraire qui garantit un certain nombre d'intérêts acquis. Avoir un tel fidéisme sans foi c'est n'en avoir pas. Il ne faut pas davantage pour faire tomber les caractères dans la décadence. C'est le mensonge très général des religieux instruits de nos jours.

Pourtant ceux qui croient sont encore assez nombreux. Ce sont les femmes et les ignorants bien qu'il y en ait un nombre immense qui ne croie pas plus que les esprits cultivés. Tous, en tout cas, contribuent à perdre le monde et surtout la France, la rationaliste qui combat contre les fidéismes. Ces pauvres femmes infatuées de mots et des susurrements de leurs terreurs, quel mal elles font à notre grande patrie ! L'Amérique désespère de la France à cause de son fidéisme catholique.

Les pays protestants ne valent pas mieux que les catholiques et les catholiques guère mieux que les musulmans. Les sectes qui s'élèvent à chaque heure chez les Anglais et les Américains sont une scolastique en acte qui continue, malgré des airs de liberté, les syllabus et les anathèmes contre la science. Reprenons pour exemple l'Amérique utilitaire qui pour parer à la diffusion indéfinie des rationalismes a réduit la religion à un seul dogme : le dogme Christ. Elle n'en arrive pas moins à entraver et à maudire la science sur ce point fondamental. Or, le soustraire à la science, c'est en nécessiter tacitement toutes les conséquences que nous avons vues, et qui surgiraient, si une des églises américaines acquérait assez de pouvoir pour s'imposer.

Entendez toutes les Fois et toutes les sectes qui en sont issues. On dit un mot contre une de leurs plus minimes affirmations dogmatiques ou légendaires qui restent toujours sans preuves, toutes crient, toutes hurlent : Blasphémateur ! Ces hommes ne comprennent pas même que ce sont eux qui passent leur vie à blasphémer contre la science et ses lois, les vraies lois de Dieu, et par conséquent contre Dieu, au nom de leurs prétendus médiateurs ! C'est le cercle vicieux (et vicieux hélas ! sous tous les rapports) dans lequel toutes les Fois sont enfermées !

Notez que chaque Foi se rit du blasphémateur, que lui lance sa voisine ; avouez que la science peut bien, doit bien se rire du blasphémateur, que toutes ont sans cesse à la bouche. — Mon excommunication seule est la bonne, mon accusation de blasphème la bonne, ma damnation la bonne ! — Oh ! non, amis, toutes sont risibles et mauvaises. Dieu qui tient et donne les lois de science, n'excommunie pas, ne damne pas en leur nom. Il y appelle tout le monde.

Et vous, vous en éloignez l'homme, soit en l'endormant d'enfantillages, soit en punissant, en cherchant à déshonorer du cri : blasphémateur, de l'index, de l'excommunication, le savant honnête qui cherche la vérité.

Qui dit les mots blasphémateur, excommunication, damnation n'hésitera jamais, s'il a le pouvoir, et si ce pouvoir est menacé, à prononcer le mot inquisition. C'est la logique forcée. C'est la gendarmerie morale, tout d'abord, mais qui conduit au supplice. Et vrais travailleurs de l'enfer, vous rêveriez de faire le ciel ici-bas, de le donner après et d'y aller vous même !

Non, aucune Foi, si réduite quelle soit, ne peut sauver la civilisation moderne ; car toute Foi implique son principe de science *à priori,* d'hypothèse tenue pour certitude, et toutes les conséquences qui sont fatales.

Le catholicisme a perdu tout ce qu'il a touché, l'Europe pendant le moyen âge par la papauté, aussi bien que Bysance par l'épiscopalisme. Depuis il a perdu l'Italie, l'Espagne, la Pologne, l'Autriche qui agonise. La France n'a échappé à la mort que distille cette organisation délétère, que par son rationalisme, refoulé souvent, jamais vaincu, et toujours sur la brèche.

Le protestantisme fait revivre toutes les cruautés, les trahisons, les avarices, les immoralités bibliques, c'est-à-dire Assyriennes, dans les peuples qu'il a complètement assujettis.

Le judéisme n'est rien qu'un déisme implacable, impuissant, cupide comme son Dieu de terreur.

Le mahométisme, le bouddhisme, le brahmanisme ainsi que le catholicisme, traînent les peuples qui leur sont soumis loin de la science, du progrès et de la civilisation véritable.

Les religions fidéistes n'ont produit que des moyen âges et ne pouvaient pas enfanter autre chose. Elles ne sont capables que de maintenir l'homme loin de la vraie civilisation, qui est celle de la science. Comment donc pourraient-elles sauver la civilisation et la science ?

Toute société qui se repose dans ses progrès, meurt. Il y a à cela une raison profonde. C'est que l'humanité a pour but l'absolu de la science. Or, la science ne se clôt jamais. L'humanité doit donc toujours continuer sa marche ascendante et sublime. Tout ce qui l'entrave, à un point ou à un autre, est cause de maladie et de mort des nations. Pour quelles vivent il faut toujours que l'homme cherche la science, y aspire, et marche avec elle vers l'infini mystérieux.

C'est pourquoi les sociétés fidéistes sont fatalement condamnées à stagner d'abord, à périr après, sous l'étranger *qui a plus qu'elles cultivé la science*. Vous le voyez tout aussi bien à l'Inde qu'au Paraguay, à l'Italie, à l'Espagne. Toutes les lois arrêtant la science, empêchent l'humanité de tendre ou d'atteindre à son but naturel et lui ôtent la vitalité. Voyez l'Inde, l'Egypte, la Chine avec la science *à priori* de ses lettrés, qui équivaut à un ensemble de dogmes puérils.

C'est pourquoi aussi les rationalismes, bien que donnant pendant un certain temps un grand élan aux sociétés, les laissent retomber, parce que dans la lutte idiote des *Moi*, le *Moi* se décourage, ne songe plus à la science, mais à la jouissance, à la sotte ambition individuelle satisfaite, c'est-à-dire tombe à toute bassesse.

Qui dit science, dit aspiration continue, dit entraînement de l'homme, hors et au dessus de lui-même, attiré toujours par l'attrait invincible du Fait. L'*Épopée Humaine* a représenté le Fait par un Titan gigantesque prenant brutalement l'homme par les cheveux et le transportant dans l'infini de la lumière. C'est la vérité de ta vie, pauvre homme ! C'est ton but ! Si ce n'est pas ta pratique, toi et ta nation vous périssez ! *Altior* c'est l'homme !

Beaucoup ne peuvent croire que tous les fidéismes, toutes les religions, sans exception, sont condamnées à entraver la science. C'est cependant la fatalité. Pourquoi ? Parce que tout dogme, tout corps de dogmes, toute révélation dite divine est un traité des sciences métaphysique, cosmogonique, morale, impliquant des conséquences sociales nécessaires. C'est la science de l'époque où paraît, où est accueillie cette révélation. C'est donc la science fermée *à priori*, close, figée, cristallisée, gelée dans le dogme. Cette science ne peut donc avoir que la terreur de la science réelle des Faits, la science indéfinie qui, se développant malgré tout obstacle, doit un jour détruire fatalement toute dogmatique quelle qu'elle soit.

Oh ! regardez-le bien. Toutes les Fois sentent cette fatalité, bien qu'elles soient profondément ignorantes dans la science de la méthode. Elles n'ont pour cela qu'à se poser cette simple question pratique : Me laisse-t-on le droit de jugement infaillible ? Non ? Tout est contre moi qui n'est pas pour moi. — C'est bien raisonné. Oter le jugement infaillible aux Fois, c'est leur enlever le critérium conducteur de leur peuple, c'est leur arracher la vie.

La guerre à mort entre les Fois et la science est une fatalité méthodique. Car les Fois tranchent *à priori* toutes les questions qui sont l'objet des trois ordres des sciences unies. Or l'hypothèse est tuée par la certitude. Quelle soit fausse, elle disparaît ; quelle soit vraie, elle n'est plus hypothèse ni foi, elle est science ; elle ne doit plus sa solidité à l'intuition, à la révélation ; elle ne la doit qu'à l'exercice des instruments méthodiques institués selon les lois de la certitude et de la méthode ; elle ne la doit qu'au critérium infaillible le Fait, qui se dresse indestructible, axiomatique !

Comment donc les fidéismes pourraient-ils sauver nos sociétés, puisqu'ils sont condamnés à périr par ce qui fait l'essence de notre vie, par la science ; ou, si l'on veut, puisqu'ils sont appelés à se fondre dans la science ; à régner par elle seule, en ce qu'ils ont pu avoir de vraie hypothèse ; et à disparaître en tout ce qu'ils ont eu de faux ?

L'axiome tue le dogme. Le dogme est le mystère, c'està-dire l'absurdité prenant un masque divin. L'axiome est la loi de science faite. Il tue l'intuition, le sentiment, le rêve, le système et tout ce qui vient du *Moi*, l'impuissant, l'exécrable *Moi*. La science c'est tous les faits devenant successivement et de proche en proche des axiomes. La méthode impersonnelle c'est l'axiomatisateur universel.

II. — Sont-ce les théocratiques autocraties des empereurs et des rois qui seront le salut ? Non. Au point où en est l'Europe, les rois et les empereurs ne seront comme les empereurs Romains et les successeurs d'Alexandre, que les étapes successives vers le fond de l'abîme des décadences.

Certes bien des intérêts particuliers, des ambitions individuelles peuvent être sauvegardés par les autoritarismes. Mais l'historien philosophe est monté à un sommet où il ne peut admettre que les lois du vrai. Il est sur cet olympe plein de foudres sauveuses. Il ne peut, il ne doit pas descendre à ce point de vue d'égoïste platitude. Il ne doit même pas se placer au point de vue de salut de tel ou tel peuple, mais à celui des lois de la civilisation générale, qui ne peut s'universaliser que par la science, et par là créer un état terrestre inconnu au passé et au présent.

Les fidéismes royaux sont aussi impuissants que les fidéismes religieux. Les Trajan, les Marc-Aurèle n'ont point empêché la décadence commencée bien avant eux, s'ils l'ont enrayée une heure. Les Trajan et les MarcAurèle de l'avenir ne pourront pas plus que ceux du passé. Tout roi-pape comme tout pape-roi empêchera toujours la science au moment où son prétendu droit de critérium infaillible serait menacé. Les fidéismes cléricaux et impériaux sont condamnés ou à faire stagner les nations ignorantes, ou à présider à la décadence des peuples rationalistes.

III. — Sont-ce les rationalismes qui seront le salut ? Hélas, pleins de l'esprit de système et de personnalité, ils ne peuvent se tenir debout, nous l'avons vu. Après la course sublime qu'ils ont fournie, ils tombent épuisés, haletants, incapables dans l'individualisme, sorte de danse de Saint-Guy universelle des esprits.

En résumé les fidéismes et les rationalismes ne peuvent que se faire la guerre et non se détruire. Ce sont eux qui sont cause par leur impuissance des maux séculaires de l'humanité, comment donc pourraient-ils les guérir ?

CHAPITRE IV

Le salut peut-il venir de l'accord de la méthode fidéiste et de la méthode rationaliste ?

I. — Depuis Descartes on a sans cesse cherché à accorder la Foi et la raison. Nous avons eu cette vaine espérance nous même dans notre jeunesse. On a employé mille combinaisons. Toutes ont été impuissantes.

Au moment où parut Descartes, les concessions que faisait le rationalisme encore timide et ne connaissant pas lui-même toutes ses nécessités logiques, ont rassuré les fidéismes, qui ont laissé passer la méthode évidentiste. Les fidéistes d'ailleurs sentaient bien en eux que la foi était une évidence. Bossuet, grand esprit de prévision, était inquiet ; cependant il crut pouvoir être le maître du rationalisme, qui ne serait que le valet de la Foi, et il le laissa vivre. Quoiqu'en disent certains fidéistes aveugles de nos jours, qui voudraient bien mettre du libéralisme dans le dogme, les syllabus ont bien plus profondément compris. Ils ont anathématisé. Eh ! bien, ils sont la logique vraie et fatale des Fois. Que ceux qui ne les admettent pas aient le courage de renier les Fois, sinon ils vivront en perpétuelle contradiction avec eux-mêmes ! Eh ! bien, qu'ils regardent Pascal mourir !

L'homme de génie qui (par le sentiment du moins) creusa le plus profondément la question au temps de Descartes, ce fut Pascal. Personne, jusqu'à nos jours, n'a, je ne dis pas fouillé, mais senti, mais vécu aussi douloureusement la question de la méthode. C'est que chez Pascal elle n'était pas seulement chose d'esprit, elle était chose d'âme, et prenait par là une qualité d'universalité. Ce grand homme sentit certainement des conséquences que Descartes ne vit pas. Je l'ai déjà dit depuis trente ans, ce fut là la cause vraie de la désespérance et de la mort de Pascal. Il fuyait cette douleur comme l'Io d'Eschyle le taon divin. Il quittait la science en désespéré, et se jetait dans l'amour pur, pour ne plus entendre parler de ce critérium de certitude, qui lui échappait sans cesse et, qu'avec une raison supérieure, il ne trouvait ni dans le fidéisme ni dans le rationalisme. L'amour pur même ne combla pas ce cœur, car ce cœur était un esprit unique, qui voulait en même temps être comblé de certitude.

Que d'autres parlent, pensent, se complaisent, vivent dans la contradiction, dans le hasard des fidéismes et des rationalismes et qu'ils vivent heureux ! Pascal en mourut ! Rien de plus sublime que ce martyre, intime de la conscience et de l'amour de la vérité. Il implique une si complète impersonnalité, un tel absolu dévouement, que j'en suis toujours demeuré ému aux larmes. Avant et depuis il n'y a pas eu de Pascal. Renan a vécu dans la joie.

Des gens instruits cherchent à répéter : la Foi est un domaine, la science en est un autre ! — Non. C'est faux. C'est là une pierre d'attente qui empêche la logique de faire sa route, mais qui ne satisfait à rien. Toutes les questions que traitent les Fois sont des questions de science. Donc ce sera la Foi ou la science qui en donnera la solution. Si elles sont opposées il faudra choisir. Si elles sont d'accord, ce n'est plus à la Foi, simple hypothèse, qu'on les devra ; c'est à la science, qui seule procède par les lois de la certitude, c'est aux Faits indestructibles, c'est à leurs lois précisées. Il y a donc bien incompatibilité. Au nom de quoi ? Au nom de la grande directrice de toutes les choses de l'esprit et des sociétés, la Méthode.

Quelles que soient les attaches de conviction, de convenances, d'intérêts, il faut savoir se dire la vérité. On tremble devant les conséquences du rationalisme qui aboutit à faire de l'humanité le Dieu ; de l'individualisme qui arrive à faire de chaque raison le Dieu, et qui par conséquent mènent à l'athéisme ; l'on se rejette de terreur dans les Fois pour leur demander leur appui social... ou leur poésie ! Mais on doit trembler également d'un fidéisme qui vous donne, vous impose une notion artificielle de Dieu, une morale souvent dangereuse, rabaissée et criminelle, qui jette l'homme, pieds et poings liés, entre les mains de clergés organisés, doux par la forme, implacables par le fond et dont la vie, les actes, se résument dans ce mot : l'intérêt de l'Église !

Les sociétés peuvent revenir promptement de tous les systèmes individualistes et rationalistes par la science qui est libre et fait libre. Mais elles mettent des siècles à se relever (quand encore elles y peuvent parvenir!) d'un fidéisme qui prohibe, condamne, damne la science. Beaucoup ne se redressent jamais.

L'homme intelligent et droit ne doit donc se laisser emprisonner ni dans un rationalisme ni dans un fidéisme. C'est faiblesse d'esprit ou lâcheté de cœur. Pour l'homme digne de ce nom il n'y a qu'un lien : La Méthode mère de l'ordre libre par la science.

Voyez cet exemple :

L'acte législatif américain de 1850, acte d'un peuple rationalo-fidéiste, décréta que le devoir de tout bon citoyen, de tout bon chrétien était de rendre les esclaves fugitifs à leurs chaînes. Les hommes, les meilleurs, après délibérations mûres, s'accordaient sur ce prétendu devoir avec les durs et les avares.

Voilà la puissance de la Foi. Jésus a fait comme eux. Il a laissé vivre l'esclavage, rendu à César ce qui est à César.

Quoi de plus tragiquement absurde. L'homme critérium infaillible, absolu, disposant souverainement de la vie, du corps, de l'âme d'un autre homme! C'était hier.

Protection de l'injustice, de la tyrannie et de la cruauté contre la faiblesse et la misère, voilà les lois des pays chrétiens, voilà ce qu'est le décret américain. Jésus, a-t-on dit, donnait la liberté de l'âme à l'esclave. Épouvantable et hypocrite dérision, cher Renan!

Il a fallu le rationalisme pour détruire l'esclavage. C'est la France qui le fit d'un trait de plume. Les peuples de l'intérêt ont résisté longtemps! L'Angleterre n'y a consenti que pour s'assurer le droit de visite des navires. Nulle générosité sans l'intérêt secret d'orgueil ou de puissance dans les utilitaristes, individus ou nations.

Résignation à l'injustice, à la tyrannie c'est le mot chrétien ; déshonorant !

Chercher la justice et la clef de la science qui la donne, voilà qui est vital et vraiment fait pour sublimer l'homme !

C'est l'esprit de Christ et l'esprit de la France en face l'un de l'autre. La France a vaincu et achèvera sa victoire.

L'Amérique tient tout de la France et l'idéal et la vie. Elle défigure l'idéal et compromet la vie de la liberté en adjoignant le fidéisme au rationalisme. C'est l'âme de la France qui vainquait hier l'esclavage en Amérique, mais pourra-t-elle y vaincre l'utilitarisme fidéiste que ce grand pays partage avec l'Angleterre et la Prusse ?

II. — Sans nul doute la science et la religion sont deux états divers de l'esprit humain. Mais analysez, vous verrez qu'ils se tiennent comme le savoir et l'émotion que cause le savoir.

Comment sont nées les religions ? De la vue de la nature et des choses, de l'hypothèse que l'homme a élevé pour les expliquer ; c'est-à-dire qu'elles sont nées de la science relative qu'a eue l'homme primitif. La religion c'est l'émotion de la science. La science faite amènera donc la religion parfaite ou mieux la science sera la religion même. Pas de jeux de mots ici. Science ne veut pas dire sciences physiques, mais équilibre total des trois ordres du savoir.

Quand le savoir n'est qu'une hypothèse, la religion participe de cette faiblesse, elle n'est qu'hypothèse. La science faite détruisant l'hypothèse ou la fondant dans la certitude, enfantera donc une religion qui sera la certitude. La science donc ne peut, ne doit s'engager vis-à-vis d'aucune des Fois existantes. Ce serait se renier elle-même et renier la RELIGION, qui ne sera que l'émotion des vérités scientifiques certaines.

Que faut-il conclure de cette vérité méthodique appliquée aux religions et à la science ? Que toutes les religions sans exception seront détruites par la science et que la science seule sera la RELIGION ; ou si l'on veut : par ce qu'elles ont eu de vrai les religions se fondront dans la science et ce qu'elles ont eu de faux disparaîtra. Cet euphémisme est comme celui de Jésus disant : Je viens appliquer la loi. En réalité il la faisait disparaître. Ainsi les religions disparaîtront en se fondant dans la science et il ne restera que la RELIGION de la science faite.

De cette façon nous pouvons arriver à une unité de religion, puisqu'elle sera scientifique. (Voir *Science de la Religion* et *Religion de la Science*.)

Mais ce n'est nullement ce que l'on a voulu et ce que l'on veut. Chacune des Fois prétend que son Dieu fasse l'unité. Or, comme la Foi n'est qu'un sentiment, ne réunissant fatalement qu'un certain nombre d'hommes, on ne fera jamais l'unité, mais toujours la guerre ! Voyez-le : les uns prétendent que le Dieu-Juif soit le définitif, qui joindra les temps modernes aux temps antiques ! Les autres veulent le Dieu-Catholique ! Les autres unissent le Dieu-Juif et le catholique, se croyant très larges ! Les autres le Dieu-Musulman, Bouddhiste, Brahmanique, Zoroastrique ! Et dans ces cultes chaque secte veut son Dieu et nul autre. Le Dieu orthodoxe Russe, ou Grec, ou Calviniste, ou Luthérien, ou Anglais, ou Prussien ! Cette cacophonie d'olympes, ce charivari d'alleluias ne sont pas faits pour amener l'unité.

Si les fidéismes ne peuvent même se mettre d'accord entre eux, comment feraient-ils unité avec les rationalismes, qui de leur côté se disputent également sans trêve et sans merci ? *Vous voyez bien qu'il faut absolument une loi de science pour mettre tout ce monde-là d'accord.*

Il y en a qui voient une unité en s'appuyant sur la doctrine ésotérique. Ils n'ont pas bien pénétré ce qu'est cette clause secrète. C'est la théorie ou mieux le sentiment du Dieu-Un existant par lui-même, force inéluctable et inconnue, qui est la base même de TOUS les cultes, contrairement à ce que l'on croit et admet du Dieu-Juif. Ce n'est là que le mysticisme conscient du sentiment primitif de l'homme : sa terreur admirative de la force première et innommée, émotion qu'a le plus bas sauvage. (Voir *Science des Religions.*) D'autres enfin veulent faire un pot pourri éclectique des religions du passé et les emballer l'une à côté de l'autre, comme si, enfermés dans un même coffre, mille objets devenaient l'unité.

Rappelons-nous le rôle de la science devant le sentiment, l'intuition, l'opinion, la croyance, l'affirmation personnelle ou générale : c'est de tout tenir pour hypothèse.

La science ne partira pas des hypothèses arbitraires des Fois pour raisonner. Elle partira des Faits pour voir si les hypothèses sont vraies ou fausses. Si, dans ses analyses méthodiques, elle se rencontre avec les hypothèses anciennes, elle ne les tiendra pas des Fois mais des Faits.

La religion de l'avenir sera la religion de la Méthode et de la science, ou elle ne sera pas.

Elle sera, non pas une simple évolution des *Fois,* mais la reconstitution par les Faits de l'idée religieuse qui ne peut être que la loi de la science même. Nous renvoyons le lecteur à notre *Science de la Religion* et *Religion de la Science.*

III. — L'infatuation est le premier danger de la méthode fidéiste. Elle est mère du fanatisme. Interrogez le juif, le musulman, le catholique, le protestant, le bouddhiste, le brahmaniste et leurs milliers de sectes. Chacun est sûr de posséder la vérité absolue ; chacun se croit le droit de vous parler au nom du ciel, de vous convertir, de vous imposer sa croyance. Bien plus chacun se croit le droit de mépriser la science aussitôt que son point dogmatique est touché ; de railler ses efforts, d'anathématiser ses découvertes, jusqu'à ce que l'utilité en ait été si bien démontrée par les Faits, qu'elle s'impose à tous, victorieusement pacifique. C'est pitié ! On hausse les épaules devant toutes ces ignorances aheurtées. La première vieille femme venue se croit tous ces droits-là. C'est la honte de l'humanité !

L'infatuation est le signe des Fois. Aussi le rationalisme qui n'est que le fidéisme du *Moi,* la foi en soi-même, est-il atteint de ce mal, qui dévore nos sociétés par l'individualisme absolutiste, comme par l'absolutisme des sectes et des Fois.

Si l'infatuation est le premier danger des méthodes fidéistes et rationalistes, il n'est pas le plus grand. En effet ce qu'il y a de formidable c'est que l'infatuation devient devoir. Oh! tremblez!

Pourquoi en est-il ainsi? Parce que le rationaliste prend son infatuation pour sa conscience ; parce que le fidéiste la prend pour l'obéissance due à la parole de Dieu! Ce qu'elles affirment paraît sacré, parce que pour le fidéisme c'est inspiré par Dieu même ; pour le rationalisme c'est dévoilé par une conscience qui se proclame infaillible portant sa loi innée en elle-même.

On ne dit pas mon rêve, mon opinion, ma croyance ; on dit : ma Foi, ma certitude, ma mission. On est prêtre de son infatuation c'est-à-dire de soi-même. Et c'est du haut de ce songe, artificiellement certifié par une conviction sincère, puisque ces deux méthodes vous y donnent droit, que l'on anathématise tous ses ennemis, qui d'ailleurs le rendent bien. Et ces ennemis quels sont-ils? Tous ceux qui pensent autrement que vous.

Comment voulez-vous qu'une société ainsi composée d'infaillibilités rationalistes et fidéistes qui se croisent sur tous les trottoirs, dans les salons et les antichambres, les cuisines, les cafés et les cabarets, les palais et les bouges, soit longtemps en paix avec elle-même ? C'est l'impossible. L'ignorant a la même audace d'infatuation que le savant, souvent plus ; le balayeur des rues, l'artisan que l'artiste, que l'écrivain, que le savant encore ; le prêtre et la fille converse, la traîneuse de sacristies en ont plus que tous ensemble.

N'ont-ils pas tous une Foi qui est une conscience c'est-à-dire une infatuation vivante et parlante en eux au nom de ce qu'ils comprennent, de ce qui charme leur organisme, de ce qui apparaît à leur évidence. Écoutez-les. Ils hurlent tous : C'est moi qui vous le dis. C'est le mot de Jésus : Je vous le dis en vérité. Tous ont donc le même droit méthodique, et tous en usent pour présupposer, systématiser, anathématiser ! Il s'agit bien de science ici ! La Foi dans la parole dite révélée fait un devoir d'en suivre les insanités brahmanique, bouddhique, musulmane, chrétienne ; la Foi dans sa conscience propre fait un devoir de suivre sa propre déraison !

Oh ! c'est commode ! On n'a pas la peine de chercher la science, de travailler, d'interroger avec anxiété les faits, les lois ! On n'a qu'à se lancer dans son rêve, en faire à soi-même et aux autres son petit roman et au nom de ce roman tout condamner ! Oh ! c'est commode encore un coup ! Et l'on en use du haut en bas, de l'ignare au génie, du simple au fat, du sot à l'homme d'esprit, de l'homme de lettres à l'homme de secte, du boueur au conducteur d'État, de l'incroyant au fondateur d'église, au savant même en dehors des vérités positives.

Les théocraties, les autocraties fortement organisées dominaient tout par l'autorité spirituelle et temporelle, par les excommunications, par l'inquisition, le militarisme et les supplices. Mais par le rationalisme tout est lâché ! La mer des infatuations individuelles n'a plus de lit. Les rois, les Fois avec leurs cortèges de compressions et de tortures, ne peuvent plus les y faire rentrer, que lorsque le mal est arrivé à son comble.

En est-on bien loin ? Voyez-les tous. C'est leur esprit qui fait les lois. C'est sa prétendue puissance d'abstraction. S'ils font des esthétiques, c'est leur esprit qui met la beauté dans l'œuvre de la nature, dans l'œuvre du génie.

Ne parlons pas de l'œuvre de la nature, ce serait par trop facile, parlons seulement de celle du génie.

Voyons, pauvres petits, interrogez-vous donc. Vous voilà devant la statue de Phidias ou de Michel Ange ! Qui est le juge ? Vous, drôle, ou ces génies ? Vous parlez ; mais c'est le chef-d'œuvre qui vous juge ! Vous étiez hier gouailleurs devant nos maîtres modernes. Delacroix, Corot, Rousseau, Millet, Daumier, vous ont jugés ; vous êtes à plat devant eux. Vous vous en allez, tas d'outrecuidants, faisant le tour des maîtres, et c'est vous qui parlez en maîtres, en critériums ! Je vois toutes les toiles sacrées rire de vous et vous juger ! Tâchez de comprendre l'œuvre de l'homme, la nature, la science ; c'est tout ce que vous pouvez. L'homme critérium ! Quel délire ! Le goût, le rêve de ce néant, critérium ! La foi de ce niais, critérium ! L'intérêt de ce gueux, critérium ! A l'école, petits, à l'école ! A l'école du *Fait* et des *Lois,* qui sont le seul absolu sur la terre, qui sont seuls le verbe et la voix de Dieu. Le génie est la grande impersonnalité devant la nature et l'idée ; voilà pourquoi il vous juge comme la nature elle-même.

Pour moi je le dis à tous, je n'ai pas osé publier avant trente-cinq ans et encore je trouve que j'ai publié cinq ans trop tôt. Jusque-là je cherchais la science, la vraie, celle dont on n'a pas à revenir, qu'on n'a pas à amander. J'ai pratiqué la prudence, l'humilité de la méthode impersonnelle et la bonne foi qu'elle inspire.

IV. — Seule la science faite a le pouvoir d'unir toutes les têtes des hommes, parce que seule elle est la certitude impersonnelle du Fait et de la Loi qui est encore un fait.

Le Fait est donc ce qui peut seul s'imposer à l'homme, le juger et le contenir à jamais dans la grande impersonnalité infinie des lois absolues. C'est donc la Méthode, science du Fait critérium, qui seule peut donner à nos sociétés le lien primordial qui leur manque, qui peut faire rentrer dans le rang, en pleine liberté, sans tyrannie, toutes les infatuations débordantes et se faisant un devoir de conscience de déborder.

Là est le salut : dans la Méthode faite science, dans le critérium impersonnel enseigné à l'enfance, à la jeunesse, à l'âge mûr !

La méthode et le critérium sont partout, sous tout : Trois hommes sont là, l'un souffreteux, l'autre herculéen, le troisième ordinaire. Le premier dit : « Il fait froid. » Le second : « On bout. » Le troisième : « L'air est tempéré. » Longue dispute des trois aheurtés dans leur expérience de sensation, dans leur évidence et leur raison personnelle. On arrive à un thermomètre. Il fait dix degrés. Il ne fait pas froid, il ne fait pas chaud, l'air n'est pas tempéré. Tous trois ont tort. Qui a été le juge ? Le Fait impersonnel. Quel ? La sensibilité constante d'un liquide sous la pression atmosphérique.

Voilà le critérium impersonnel, infaillible. Ainsi en est-il dans toutes les questions humaines. Il ne s'agit que de trouver le Fait scientifique, et par là infaillible, qui juge chacune d'elles. C'est là l'âme de la méthode impersonnelle ; on voit que c'est la loi de la nature, de la vie animale et humaine. C'est, je l'ai déjà dit, la méthode naturelle dont l'homme prend enfin conscience et dont la science dit les lois. Les infatués qui croient que la méthode est une invention de savant, sont dans une grande erreur de subjectivisme égotiste. La Méthode est la science d'observation des rapports naturels et fatals de l'esprit et du Fait. Elle a par là des lois absolues comme toutes les sciences. Par là elle est science. Nous n'avons pas fait autre chose qu'observer ces rapports, les analyser, les établir dans leur ordre naturel. (Voir *Ultimum Organum, Méthode Générale, Point de Départ de la Pensée, Pensée Humaine.*)

Il faut bien se convaincre que sous les faits qui paraissent le plus indifférents il y a une question de méthode.

Les caractères changent par la méthode, les œuvres d'art changent. Voyez la méthode fidéiste courber tous ces gens qui vont à leurs superstitions diverses en tous les pays. Voyez cette criarde Athène et nos clubs, criards comme elle, sous le rationalisme déchaîné. Voyez l'art hiératique de tous cultes et la liberté de l'art rationaliste. —

Renan dit que les Français prennent dans leurs écrits la fleur des choses et que les Allemands vident la lie de la coupe. Il voit là une affaire de race. Point ; c'est affaire de méthode. Cela est si vrai que les Allemands, sous la pression française, changent de procédés et imitent l'évidentisme de chez nous en littérature, en philosophie. Témoins Heine et Buchner. La méthode rationaliste en France depuis Descartes est partout. Elle a fait Pascal, Bossuet, Montesquieu, Voltaire. C'est l'amour de la brièveté ; la hâte d'arriver au but. De là les mots à effets dont le relief cherche à donner l'illusion de la chose et dont notre siècle est plein. Les Allemands en sont restés à la méthode rationaliste du moyen âge commencée à Abeylar et exploitée au profit du fidéisme par St-Thomas d'Aquin qui la pousse à sa dernière expression. C'est la méthode syllogistique d'Aristote. C'est un retard de l'Allemagne sur la notion de la méthode qui fait la différence des exposés chez les deux peuples. Durant le moyen âge nos savants ou discoureurs ont parlé ainsi. Il y a plus d'une analogie entre les faiseurs de sommes et Hégel. Les uns sont une série de commentaires sur Jésus ; l'autre une suite de commentaires sur Descartes.

La critique que j'ai faite à l'*Ultimum Organum* de la méthode évidentiste et l'affirmation de la puissance de la syllogistique d'Aristote que suivait Saint-Thomas, a eu pour effet de faire reprendre cette méthode par le clergé. La méthode évidentiste pousse à trop de hâte, comme l'aristotélique a trop de subtilité. A quoi servira ce changement à l'Église ? A rien. L'analyse d'une hypothèse *à priori* tenue pour certaine la laisse hypothèse. On arrivera à une nouvelle scolastique, comme les Allemands, comme Hégel sont une nouvelle sophistique. Une révélation s'affirme et ne se prouve jamais. Les lois scientifiques ne lui sont pas applicables. Elle ne peut qu'entasser des mots d'éloquence peut-être. Mais il n'y a que les Faits et les lois qui prouvent.

Il est très difficile de jouer le rôle de révélateur ; une erreur et tout tombe. Il est très difficile de jouer le rôle de critérium infaillible ; un manquement et l'imposture éclate. Dieu est vérité absolue ou n'est pas. Il n'a pu révéler l'erreur. Le critérium est absolu ou n'est pas. Il ne peut donner que la certitude. Voilà la pierre d'achopement de toutes les religions. C'est par là qu'elles ont toujours été forcées de céder la place au rationalisme. C'est par là qu'elles doivent la céder définitivement à la science de la méthode et du critérium infaillible, seul absolument vrai et impersonnel. Le Fait, toujours certain de soi, est en réalité le seul verbe et le seul révélateur.

Mais réfléchissez, chers savants, cela ne s'applique pas qu'aux religions ; cela s'applique à toutes les opérations de l'esprit humain, à l'évidence, à l'expérience, au calcul. Une seule erreur montre qu'ils ne sont ni les uns ni les autres les critériums infaillibles de la vérité. Et combien n'en font-ils pas ? Vous le savez puisque vous les recommencez sans cesse par crainte de méprise. L'homme est la proie de l'erreur. Ce n'est qu'à coups d'hypothèses fausses que la raison avance, comme un marcheur qui se perd dans son chemin, jusqu'à ce que le Fait indestructible s'impose ! Alors elle se repose en lui comme dans l'axiome.

La conclusion forcée est donc que les fidéismes et les rationalismes ne se peuvent unir, et que, fussent-ils unis, ils ne peuvent rien pour le salut des sociétés.

Ils doivent donc céder la place à l'impersonnalisme

méthodique, au *critérium impersonnel* absolu, toujours vrai, seul vrai, toujours infaillible, car il est certain en soi : le FAIT.

Voilà la vérité dernière puisqu'elle est scientifique. Voilà le repos d'esprit de l'humanité. Voilà son ordre social possible. Elle sort enfin d'elle-même. Elle ne se fie qu'au FAIT, qui est toute la sécurité des sciences, des trois ordres de sciences ; qui est la réalisation de l'idée de Dieu (s'il est un Dieu, ce que la science a à prouver) ; au FAIT qui reste toujours (que Dieu soit ou ne soit pas), la certitude communiquant à l'homme tout ce qu'il peut connaître des choses et des lois absolues. Car l'esprit humain ne voit les êtres et les choses que par les différents faits qui les constituent et non dans une substance qui n'existe pas, puisque tout n'est qu'assemblage de rapports c'est-à-dire de faits en plus ou moins longue continuité.

Toutes les méthodes anciennes ne protègeront pas les fidéismes contre la science de la méthode. Le combat ne sera plus bientôt entre l'autorité fidéiste et le rationalisme. Il sera entre le fidéisme et la méthode science faite, engendrant toutes les sciences faites. L'impersonnalisme va d'abord par la science se propager méthode science faite. De là il se répandra dans la vie. L'impersonnalisme arrache à tout jamais le critérium infaillible aux représentants des autorités fidéistes et à tous les rationalismes.

V. — Il y aura des difficultés d'habitude, des refus de quitter les vieilles doctrines ; je le vois bien depuis trente ans. Mais je sais bien que la MÉTHODE triomphera, puisqu'elle est loi de science. Les corps constitués ont des tenacités de théocratie.

Il ne faut pas s'y tromper, une académie peut se théocratiser comme un concile. Et elle le fait. C'est d'ailleurs un vrai concile laïque que Richelieu créa en face du concile clérical, pour arriver à unir le gouvernement de l'esprit humain au gouvernement des peuples par la raison, non plus par les papes. Grande nouveauté libérale alors, mais qui peut devenir aussi un instrument de stagnation et d'hostilité contre tout progrès. Une académie qui se fait autocrate c'est au fond la constitution de la Chine, qui, par le corps des lettrés, fait, comme les théocraties uniquement religieuses, une science *à priori* et immuable. De là la séculaire passivité sans progrès de ce peuple.

Une nation peut se théocratiser comme un pape. Il suffit pour cela que l'académie, la nation, se considèrent comme le critérium infaillible. Le *Moi* critérium est la théocratisation de l'individu ; c'est par là que le panthéisme aboutit au moi-Dieu, comble d'absurdité que l'acculement logique a seul pu faire admettre par quelques esprits, qui ont perdu l'équilibre et ne savent pas se retenir sur la terrible pente de ce grand précipice, la logique.

Non l'académie, même quand elle représente l'état actuel de la science, n'est pas plus le critérium infaillible qu'un concile. Le suffrage universel peut présenter des garanties que ne présente pas un pape, mais il n'est et ne peut jamais être non plus l'infaillible critérium.

Pape, roi, nation, humanité, la raison humaine tout entière, tous ses génies réunis, ne sont pas plus le critérium infaillible que l'individu, parce que, à l'homme, de façon indélébile, s'attachent et s'attacheront toujours toutes les causes d'erreurs. Nul homme, rien de l'homme ne peut être critérium infaillible de la vérité ! L'homme ne peut sous peine de folie avoir un autre juge dernier qu'un critérium impersonnel, que le critérium impersonnel de la méthode science faite et de toutes les sciences faites.

Il n'y a que ce maître absolu de vérité le critérium infaillible impersonnel et scientifique. Si Pascal avait pu dire ce mot, il ne serait pas mort ! Il eût vécu par la science et triomphant. Mais il n'a pu voir que les mille autres maîtres d'erreurs : le caprice, la passion, l'intuition, le sentiment, la foi, l'intérêt, l'égotisme, l'évidence, la raison, la conscience, l'organisme ! Et se sentant sans point d'appui pour arriver au vrai, il s'est éteint de désespoir. Un jeune homme m'écrivait dernièrement qu'un découragement analogue lui avait fait quitter la vie de l'enseignement, qu'il s'était fait soldat pour mourir, ayant hésité à se tuer lui-même ; mais maintenant qu'il connaissait le critérium impersonnel, il se sentait plein d'espérance et de vie ! Que d'autres ont eu cette douleur ! Venez à la méthode impersonnelle, elle vous sauvera tous.

Cette maîtresse d'erreurs qu'on appelle raison, évidence, expérience, conscience, est d'autant plus fourbe qu'elle ne l'est pas toujours. Car, comme parle Pascal, elle serait la règle infaillible de la vérité, si elle l'était infailliblement du mensonge. Elle ne donne aucune marque de sa qualité, marquant du même caractère le faux et le vrai. Que prouve cela ? Qu'elle ne peut en aucun cas être prise pour le critérium infaillible et absolu. Il faut chercher ailleurs.

Où ? Pas dans l'homme, puisque rien de lui n'a le caractère d'infaillibilité. Donc il faut à l'inverse de Descartes le chercher dans l'extériorité, c'est-à-dire dans les FAITS et dans les LOIS !

VI. — Mais j'entends, on dit : C'est un matérialisme absolu ! — Non, car tout FAIT n'est qu'un *rapport ;* car les FAITS sont *idéals* et *matériels,* et tout Fait ne certifie que lui-même.

Mais où trouver un point assez précis et perceptible à l'esprit, pour que le Fait soit critérium ? — Comment l'esprit connaît-il les axiomes ? Par leur indestructibilité qui s'impose absolument. Comment l'esprit connaît-il les phénomènes et les lois des choses ? Par les faits, quand indestructibles ils s'imposent axiomatiquement.

C'est donc le FAIT qui apparaît comme le point simple de la connaissance, facilement préhensif à l'esprit par sa simplicité, pouvant être par son isolement conduit jusqu'à l'indestructibilité axiomatique ; dès lors pouvant fixer l'esprit dans la vérité. Il faut donc conclure que le Fait a une vraie puissance de critérium infaillible et définitif quand il est indestructible et prend pour l'esprit valeur d'axiome.

Et ce critérium est certain, car le fait est certain en soi ; et il est impersonnel, car il est hors de l'homme, existant en tant que rapport particulier comme phénomène, en tant que rapport général comme loi. Et il est scientifique car la science ne se bâtit que par le fait ; car la science n'est que la constatation des rapports particuliers et généraux, c'est-à-dire des faits et des lois.

C'est en vain que l'homme a cherché dans les actions de son esprit un critérium qui lui parut plus solide qu'un concile, un pape, une académie, une nation. L'observation, l'expérience, le calcul, l'évidence, la conscience, l'organisme ont la tache originelle. Ils sont tous maculés à jamais des causes d'erreur inhérentes à l'homme.

Vous théocratisez l'expérience, vous théocratisez l'évidence, vous théocratisez la conscience, vous théocratisez l'organisme, vous théocratisez la raison et le corps, l'académie, la nation, l'humanité, l'individu, ô rationalistes, comme les fidéismes théocratisaient le prêtre, le roi, le pape, le concile, le synode, le sanhédrin, etc…! Oui tout cela devient le Dieu et prend la place du Dieu.

N'est-ce pas le comble du ridicule ? Vous y êtes : théocratiser la sensation et l'organisme ! Lui donner les droits d'un Dieu ! Aussi où arrive-t-on ? A mettre le coït en littérature, en statue et en musique. Et l'organisme de pâmer à ces harmonies imitatives. C'est l'apogée logique, le coït étant la suprême joie organique.

La France avait à la fin du dernier siècle créé la religion de la raison. Ce trompe l'œil avait cette excuse, qu'on voulait que la raison fût impersonnelle. Ne croyait-on pas avec Descartes qu'elle portait en elle les idées dites innées du temps, de l'éternité, de la cause, de l'espace, que le copiste allemand appelait les catégories de la raison ? Mais toute cette prétendue vérité ne rendait pas la pauvre raison humaine plus impersonnelle. Ce qui est impersonnel dans la raison ce sont les Faits et les Lois qu'elle tire de l'hétéronomie des rapports matériels, numériques et antinomiques. Mais elle, en elle-même, reste toujours personnelle, individuelle et faillible. Le consensus de deux, dix, mille raisons, le total même des raisons ne peut effacer ce caractère.

Si le Fait et la Loi, qui est un Fait, n'entrent pas dans la raison par la science faite, jamais l'impersonnalité n'y sera. La théocratisation, la divinisation de la raison est donc une absurdité ! Mais que devient l'absurdité quand on arrive à la théocratisation de l'organisme !

Oui, cependant nous y sommes ! C'est là que mène droit la méthode expérimentale, *quand on en fait la méthode générale,* quand l'expérience est prise pour le critérium infaillible absolu. C'est là qu'en sont l'Angleterre et l'Allemagne. C'est là qu'est arrivé par logique Comte raisonnant en mathématicien trop aveugle des réalités. C'est là que tomberait la France si la méthode impersonnelle ne venait lui rendre toute sa largeur de vue et donner raison aux élans de son cœur.

Me répondra-t-on : Mais vous théocratisez le Fait. — Non. Le Fait n'est pas une individualité qu'on puisse faire Dieu.

J'affirme que le Fait est le *verbe unique,* l'*unique médiateur de la connaissance,* l'*unique infaillible critérium.* Mais il n'est qu'un intermédiaire. Si Dieu est, la théocratisation remonte à Dieu. Nous allons le montrer.

Ou Dieu est, ou Dieu n'est pas. Si Dieu n'est pas, nous n'avons pas à nous en occuper, mais le fait n'en reste pas moins le verbe unique et le médiateur de la connaissance.

Car le fait est le seul moyen (medium, médiateur) qu'ait l'esprit humain de connaître les choses, les êtres, les idées. Ainsi on connaît un corps non en soi, mais par les faits de surface, d'aggrégat. Tout ne nous apparaît que fait à fait. Or comme le fait est certain de soi il est bien le critérium infaillible, scientifique.

Si Dieu est, le Fait naturel n'est pas autre chose que la réalisation des idées de Dieu. Donc voir le fait, c'est voir l'idée de Dieu. Donc le Fait est le *verbe par lequel Dieu communique à l'homme son idée et ses lois, qui sont les lois scientifiques.* Donc le Fait est bien le médiateur. Le Fait est donc, en un mot, la parole de Dieu, que l'homme est chargé de noter, de classer par la science, qui devient un devoir religieux au lieu d'être condamnée par les religions ! Faire le Fait critérium, c'est faire en réalité par l'intermédiaire du verbe médiateur, Dieu lui-même critérium unique et infaillible à n'en pas douter. Si Dieu est, qui pourra nier qu'il soit le critérium suprême et infaillible ? Ainsi le critérium scientifique et le critérium religieux ne sont qu'un ! La religion est la science !

VII. — Que doit donc faire tout homme de droiture et de vérité ?

Se retirer seul en lui-même et méditer. Vous dites humblement : Ma raison est faible, je crois au pape ; ou vous dites : Ma raison me montre mille choses vraies, je crois à ma raison. Vous trouvez ces décisions bien inoffensives. Les conséquences ne vont point l'être. Le pape (nous l'avons vu) vous mènera à l'inquisition, à l'absolutisme de la secte, car toute secte a son pape. Votre raison vous mènera à l'absolutisme individuel. — Mais direz-vous, ma conscience est là, je lui dois obéir. Elle me dit de croire au pape, de croire à ma raison. — Mais, ami, qu'est votre conscience ? C'est vous ; c'est l'état de votre science incomplète. Otez donc ce mot troublant et faites votre profession de foi. La voici : Je crois au pape, je crois à ma raison au nom de moi-même ! Vous voyez que vous vous êtes bercé de mots menteurs ! Le devoir au nom de la conscience c'est le devoir au nom du *Moi*, c'est-à-dire la négation du devoir ! Devoir suppose un terme impersonnel. — Mais alors que dire ? Que faire ? — Rien de plus simple : Je ne crois pas à l'homme, pas aux papes, pas à ma raison, pas à moi ! Je crois au Fait qui est le seul verbe de toute vérité, le seul médiateur entre l'esprit humain, qui ne connaît que fait à fait, et l'indéfini des choses, des êtres et des idées, qui ne se livrent à l'homme que fait à fait. En agissant ainsi chacun n'agira que comme le savant consciencieux, qui, en face du Fait, renonce à ses opinions personnelles.

En avons-nous dit assez ? Oui, pour montrer que les rationalismes et les fidéismes, seuls ou unis, ne peuvent sauver les sociétés modernes et qu'elles ne doivent attendre le salut que de la méthode impersonnelle. Mais en avons-nous dit assez pour convaincre les expérimentateurs que l'expérience n'est pas la méthode générale et ne peut être le moyen unique et spécial du salut ? Nous ne le croyons pas. Nous devons donc pénétrer cette question décisive au chapitre suivant.

En résumé les rationalismes et les fidéismes ne s'accordent que comme les combattants qui cherchent un même champ clos pour se battre. Ils ne se peuvent unir, donc leur union ne peut être le salut. La méthode fidéiste veut faire du rationalisme son esclave à tout dire, à tout faire ; le rationalisme se révolte et marche front contre front au fidéisme ; il veut en faire son esclave parfois, témoin le dogme Christ des utilitaires Américains. Mais le fidéisme prétend ne pas se rendre et attend son heure. S'il est domestiqué, comme en Angleterre, en Prusse et ailleurs, il n'est plus en réalité qu'un rationalisme hypocrite, et par conséquent sans puissance de fond. Donc, pour opérer le salut des sociétés, rationalisme et fidéisme mêlés sont impuissants.

⚜

CHAPITRE V

Que la méthode expérimentale n'est pas le salut.

1. — On n'hésite pas à dire : L'expérience est la méthode générale, la méthode dernière ; ce qu'elle ne donne pas, n'est pas.

Grave erreur ! Elle nous fait retomber dans un rationalisme déguisé, qui sera, par cela même, peut-être le plus difficile à vaincre. Il y a, en effet, dans l'expérience des qualités de solidité méthodique réelles et qui font illusion à de très remarquables esprits sur la question de méthode générale.

Ces qualités d'ailleurs ont été mal analysées (philosophiquement non point pratiquement) par les plus grands expérimentateurs. Ni Berthelot, ni Chevreuil, ni Claude Bernard, ni aucun autre, n'ont compris le problème de philosophie universelle qu'implique la méthode. Ils n'ont pas fait faire un pas à la question parce que, dans ces termes, elle n'en peut faire. Affirmer que les sciences physico-chimiques sont expérimentales est une vérité définitive. Mais ce n'est pas dire plus que d'avancer que les mathématiques sont des sciences de calcul. Cela veut dire simplement que l'instrument méthodique propre aux premières est l'expérience, comme aux secondes le calcul. Nous le disons avec eux.

Mais au-delà il y a la question de la méthode générale ; ils ne l'ont pas même entrevue. Et aussi, satisfaits dans leur pratique de l'expérience, ils l'ont proclamée la méthode totale, ce qui veut dire, qu'en vrais enfants, ils ont tronqué, faussé, détruit la notion scientifique de la méthode générale.

Oui la méthode est une question universelle à tous les ordres de faits et de sciences, ou elle n'est pas. N'étant que des expérimentateurs spécialistes et nullement philosophes, les savants n'ont pas pesé la nécessité de cette notion.

Si l'expérience est le critérium infaillible, absolu, les mathématiques sont sans critérium. Ce qui est absurde. Bernard naïvement admettait que c'était une exception. Autre absurdité. Une loi universelle n'a pas d'exceptions. Cela suffirait déjà à démontrer que l'expérience n'est pas le critérium général. Il le faut donc chercher ailleurs.

Nous n'avons pas à connaître que les faits matériels. Nous avons à assurer la voie pour que l'esprit s'empare de tous les faits, de quelque nature qu'ils soient, qui composent les trois ordres du savoir, matériels, numériques, antinomiques. Nous ne pouvons accepter comme critérium qu'une puissance qui ne limite pas *à priori* l'indéfini sacré du savoir total !

II. — Non seulement l'expérience n'est pas le critérium général, mais elle n'est pas même un critérium. Elle est un simple instrument méthodique, un simple processus, un moyen excellent, le seul compétent pour aller trouver le critérium des sciences physico-chimiques. Mais c'est tout.

Or quel est ce critérium? Le Fait spécial aux sciences physico-chimiques. A quoi reconnaît-on qu'il est critérium ? A son *indestructibilité*. Alors il prend un caractère axiomatique qui l'impose à tous. Il fait l'unité dans tous les esprits, quelles que soient les croyances religieuses, les préjugés nationaux.

Il faut se garantir ici de tout malentendu. Des hommes qui se croient de simples expérimentateurs, parlent beaucoup, depuis l'Ultimum Organum paru il y a trente ans bientôt, du critérium des Faits. Qu'ils le sachent : Ou bien ils sont impersonnalistes et disciples (sans le savoir peut-être) de l'Impersonnalisme méthodique, dont la *méthode générale* est traduite et enseignée à l'étranger depuis vingt-cinq ans, alors ils sont forcés de nier que l'expérience soit le critérium absolu, et ils ne reconnaissent comme tel que le Fait. Ou bien ils admettent que l'expérience, c'est-à-dire la raison humaine, est le critérium des faits, et alors ils ne sont que des rationalistes personnels. Ils n'ont donc pas le droit de parler du Fait comme étant le critérium ! S'ils confondent ces deux critériums c'est qu'ils ne comprennent pas ce qu'ils disent. Ils parlent en simples empiriques, non en philosophes, non en savants méthodistes.

Il n'y a pas de milieu : ou le Fait est le critérium unique, infaillible ; ou la raison expérimentant, calculant, syllogisant est le critérium de la raison. Cercle vicieux enfantin qui est un fond de toutes les anciennes méthodes. Cela est clair : je mets à la place de tous les critériums personnels quels qu'ils soient, fidéistes ou rationalistes, le seul critérium impersonnel : le Fait.

Je dis que la science est en contradiction avec son excellente pratique empirique, quand elle parle méthode et fait de la philosophie. Elle n'est pas forcée d'être philosophe ; il lui suffit d'avoir cette bonne pratique empirique pour trouver des vérités ; comme au marin pour sauver le navire. Elle fait pratiquement de la bonne méthode, sans le savoir philosophiquement. En philosophie elle nie cette pratique excellente en prétendant employer une méthode rationaliste. Sans s'en douter, elle est impersonnaliste.

Chers savants, j'ai partagé, j'ai observé vos expériences, et c'est votre pratique inconsciente mais juste, qui m'a conduit à nier l'expérience comme critérium ; car c'est le laisser à la raison et à ses mille erreurs. Je l'ai transporté au Fait certain de soi impersonnel, qui est critérium des sciences mathématiques et antinomiques aussi bien que des physico-chimiques, par conséquent qui devient le critérium universel. Voilà la révolution méthodique, voilà la vraie, la seule méthode générale.

Celui qui tient la plume est donc enchanté de voir qu'on parle tant du Fait depuis la publication de son œuvre. Il juge que c'est le premier pas pour l'admettre, aussitôt qu'on aura médité suffisamment. Mais on n'a pas le droit logique de proclamer l'expérience critérium, quand on appelle le Fait critérium. Loyalement on doit remplacer la méthode expérimentale par la méthode impersonnelle ! Ou l'expérience, ou le fait est critérium ! Ou le moi est critérium, ou le non moi est critérium ! Il n'y a pas de termes plus opposés. Nul biais possible: L'expérience n'a pas plus le droit de troubler le savoir au nom de son instrument méthodique, que le calcul, que le syllogisme n'ont droit de s'imposer. Ces trois instruments sont soumis également au critérium de leur Fait propre, observable. Et comme l'*indestructibilité* d'un Fait ne prouve que ce fait, chaque proposition, chaque membre de proposition dans toute science doit arriver à l'indestructibilité du fait qu'elle contient. Hors de là rien n'est acquis pour la certitude, c'est-à-dire qu'il n'y a pas de science constituée.

III. — Voyez et pesez combien l'expérience est peu sûre d'elle-même, et avec grande raison, puisqu'elle n'est qu'une opération d'esprit. Quel est l'éternel mot que nous répétons sans cesse dans nos études ? Il faut multiplier les expériences pour arriver à une réelle certitude ! Que cache méthodiquement ce mot si pratiquement vrai et prudent ?

Que les expériences ne sont pas le critérium réel, mais simplement le moyen d'aller trouver le critérium vraiment capable de fixer l'esprit! C'est après des expériences accumulées, refaites sans lassitude, avec une admirable persévérance, quand vous aurez, chers savants, devant les yeux l'INDESTRUCTIBLE FAIT, que vous vous écrierez : C'est certain! Donc l'indestructibilité du Fait est seule le fixateur de la pensée. La raison ne vit que des faits et n'est dans la vérité que lorsqu'elle sait subir les faits, ayant pris force d'axiomes.

Pénétrez-vous de l'inanité du *moi* et de la force du *fait*, par les milliards d'exemples que vous donne la vie comme la science. Qui sera le critérium absolu de ce navire en tempête? Est-ce un prophète, un fils de Dieu, un roi, un prêtre, un officier de cour, un outrecuidant, un systématique? Rien de tout cela. Un sage connaissant la mer, les vents, les vaisseaux, les récifs, les côtes. C'est-à-dire que ce seront les faits constituant la sagesse de ce sage qui seront les conducteurs du navire. Et ce sage que sera-t-il? Un pauvre va-nu-pieds, ignorant de tout sauf de ces faits.

Les opinions du peuple ont un côté souvent très sain. Pourquoi? Parce qu'il vit des faits dans la proportion qu'il les peut comprendre. Le laboureur est un sage, le marin un sage, le forgeron un sage, le maçon un sage, le charpentier, le menuisier des sages. C'est qu'ils respectent tous les faits naturels et n'agissent que par eux. L'erreur du peuple commence, comme celle de tous les hommes, quand il veut faire des jugements subjectifs. Cependant l'habitude de vivre par les faits, laisse souvent dans l'esprit du peuple une empreinte de solidité, que n'ont certes pas les inutiles, souvent même des esprits cultivés. Voyez les cahiers de la France depuis le moyen âge vous comprendrez ce que j'avance. Et vous-même n'avez-vous jamais été forcé de demander aux ouvriers leur avis au moins sur leur spécialité?

La solitude produit une quantité de fous. Peu d'hommes la peuvent supporter. Aussi tous cherchent des emplois, des jeux, des spectacles, du bruit, des travaux ou des distractions. Pourquoi ? C'est que l'homme seul ne vit que de soi-même et qu'il n'y trouve que le néant. C'est que l'homme est fait pour vivre des faits. Il lui en faut toujours, encore, comme au poumon de l'air, à l'estomac l'aliment. Quand il n'en a pas de nobles, de sérieux, de vrais, de naturels, il court aux stupides, aux faux, aux ignobles. Le *Moi* c'est le vide ! La nature et l'homme en ont horreur. *Le Fait c'est la voie, la vérité et la vie. Il fatto e Strada, verita, vita.*

Le signe des décadences dans les arts et les productions humaines, c'est de s'éloigner des faits, ou de ne rechercher que les faits bas et immondes, au lieu des élevés et des sublimes. Les fidéismes et les rationalismes tombent également dans ces fautes.

L'expérience, l'évidence donnaient des résultats au temps de Pascal. Il le savait bien, lui, le profond. Il n'en a pas moins fait la question poignante pour laquelle il est mort. La question subsiste toujours. Qui sera le critérium définitif, infaillible de cette raison qui juge qu'il y a des occasions où elle doit se soumettre ? Il est donc juste qu'elle se soumette quand elle juge qu'elle le doit, et qu'elle ne se soumette pas quand elle juge qu'elle ne le doit pas ? Mais elle se trompe sans cesse, puisque sans fin elle recommence ses expériences ! Qui lui dira quand elle se trompe ? Et Pascal à ce mot meurt d'angoisses ! Sur quel fondement s'appuiera-t-elle pour juger qu'elle doit se soumettre ou ne se soumettre pas ? Ah ! c'est là ce qui fait le tourment de la pensée humaine dans tous les siècles.

Il faut qu'elle prenne garde à ne se point tromper. Mais elle s'est toujours trompée jusqu'ici en coulant sous les théocraties des sorciers, des prêtres de toutes les Fois, qui lui ont imposé une science faite *à priori,* qui lui ont défendu de chercher plus de science, conservant pour eux seuls et pour exploiter, les bribes de leur savoir empirique. Mais elle s'est toujours trompée quand elle s'est fiée à elle-même, quand elle s'est reposée sur elle-même et qu'elle a élevé raisonnement sur raisonnement, puisque tous ses échaffaudages métaphysiques sont tombés. Il faut donc autre chose.

Elle n'a eu raison que lorsque inconsciemment ou sciemment elle ne s'est fixée qu'au FAIT. Il faut donc le FAIT dont vivent l'animal, le sauvage, le primitif Arya, les simples de nos sociétés, le Grec et son art, et tous les grands arts et les vérités scientifiques de notre grand et pitoyable siècle. Il faut que la science soit simple comme les simples. Il faut qu'elle se rapproche de la méthode de la nature. Il faut qu'elle prenne pour la juger autre chose que l'esprit humain. Il faut qu'elle prenne le FAIT pour critérium infaillible, facteur de la méthode générale et universelle à tous les ordres du savoir, facteur de l'équilibre stable de la pensée humaine et par conséquence fatale de l'ordre dans les sociétés.

IV. — Vous reprenez : Mais c'est ce que fait l'expérience ! — Non, certes, amis. L'expérience prend pour juge des faits l'opération de la raison. C'est le renversement absolu des termes. La raison n'est pas le juge, elle est l'esclave, entendez-vous. Certes elle est libre dans sa route et dans ses opérations pour aller trouver le fait ; mais devant le fait, comme devant l'axiome, elle est écrasée par le Fait qui se dresse comme un mur. Le juge c'est le FAIT. (Voir *Pensée Humaine* le mode d'action du Fait sur l'esprit.)

L'expérience ne connaît qu'une partie des Faits matériels. Elle ne peut les poursuivre ni dans l'infiniment grand, ni dans l'infiniment petit. Si, au nom de ce qu'elle peut légitimement connaître des faits matériels, elle s'impose comme *méthode générale*, elle anéantit *à priori* les autres ordres de faits numériques et antinomiques, et plus, tous les faits matériels qu'elle ne peut atteindre. Elle porte donc le trouble dans tout le savoir, détruit toute méthode générale et absorbe toute la connaissance dans son petit rayon. Elle est donc malgré les partiels et excellents résultats qu'elle atteint, la destruction de l'équilibre, de l'esprit.

Vous doutez. Pesez de nouveau : Si l'expérience ne connaît que la partie moyenne des faits matériels, s'il est dans l'immanence universelle d'autres faits à découvrir que les matériels, vous laissez l'homme sans critérium pour les juger. « Comment expliquez-vous alors la certitude des faits mathématiques » ai-je dit souvent à Claude Bernard ? — « Ah ! c'est une exception, ils sont en dehors, » se contentait-il de répondre. — « Et vous croyez avoir la méthode générale, reprenais-je ! Étrange parole que celle que vous prononcez là ! Vous ne trouverez la méthode générale que lorsque vous aurez la cause et les lois de certitude dans les trois ordres du savoir, sans exception aucune ! » Bernard, génie physiologique, comme je l'ai proclamé le premier je crois, n'était pas un esprit philosophique, aussi ne vit-il jamais que sa pratique méthode, ou plutôt son pratique processus. Je l'amenai pourtant à avouer que les organismes semblaient être l'effet d'une certaine idée. Mais, non philosophe, il ne voulut jamais passer ce vague et définir cette idée. C'était beaucoup d'avoir obtenu cela d'un homme qui jusque-là s'y refusait et se reposait vaguement dans une théorie atomistique que les lois physiques et chimiques contredisent elles-mêmes, quoiqu'on ne s'en aperçoive pas.

Quelle est donc la loi de la méthode générale ? L'expérience, le calcul, le syllogisme ne sont pas plus les uns que les autres les critériums de certitude. Ce sont de simples raisonnements humains qui sont tantôt bons, tantôt mauvais, et qui ont tous également besoin d'un critérium dernier juge de leurs opérations. Mais ce critérium est à leur portée, à tous également. C'est le FAIT même sur lequel ils opèrent. Ce FAIT est-il indestructible par cela qu'il se présente toujours le même à toutes les opérations isolées de chaque instrument ou unies de tous les instruments, quand elles ont été faites, refaites, retournées, poussées à bout ? Ce FAIT prouve par là que toutes les opérations élevées sur lui sont bonnes. Son indestructibilité le sacre critérium unique. Et cela est vrai pour les sciences physico-chimiques, numériques et antinomiques. La loi est une, le critérium est un. Les lois, toutes les lois de la certitude sont découvertes, affirmées, expliquées, indestructibles, universelles à tout le savoir. C'est le critérium et la méthode impersonnels. Enfin c'est la science de la méthode.

La méthode expérimentale ne porte pas si loin que l'a cru Bernard, dans les sciences cosmogoniques. Nous la réduisons à sa véritable force, que nous proclamons d'ailleurs hautement à notre œuvre entière. Nous ne faisons point un pas sans lui demander son appui ou son concours. Mais enfin elle ne donne ni ce que nous apporte le télescope, ni ce que nous enseigne le microscope. L'esprit humain n'a là que la méthode d'observation, aussi puissante dans son rayon que l'expérience dans le sien. L'analyse des tissus physiologiques même est poussée beaucoup plus loin par le micrographe que par l'expérimentateur.

On ne peut donc pas soutenir sérieusement qu'elle répond à tout. Elle ne saurait donc être méthode générale, comme le voulaient Bernard et le positivisme. Elle ne saurait nous donner le critérium universel et seul infaillible !

Oh ! ceci a des conséquences immenses ! C'est le débordement du matérialisme ou c'est son endiguement à la place qui lui appartient. C'est par conséquent la moralité et l'élévation des sociétés ou leur abaissement. Bernard et les autres ne s'occupaient pas de ces conséquences fatales. Ils ne voyaient que le bonheur de leur pratique partielle, et concluaient imprudemment à une vérité générale et absolue. Puérilité aveugle !

J'ai eu le plaisir de voir chez notre ami regretté, le docteur Moreau, il y a quelques 25 ans, M. Berthelot avec son exquise femme parente du St-Jean de Léonard par sa beauté. Moreau me faisait à cette époque toujours parler des théories de l'*Ultimum Organum,* qui proclamait la toute puissance de la science. Dans un article de la *Revue des Deux Mondes,* 15 mars 1891, je vois que les idées de M. Berthelot ont une analogie avec les miennes. Mais jusqu'où va-t-elle ?

Nous affirmons tous deux la suprématie de la science comme le montre, après mes autres ouvrages, ma *Genèse Universelle* par la philosophie du théisme scientifique, parue en mars 1890.

Mais M. Berthelot ne voit que la puissance des sciences physiques. Il ne s'occupe pas de l'équilibre des trois ordres du savoir. En un mot il n'a pas de méthode générale, ou mieux il transforme comme C. Bernard la méthode expérimentale en méthode générale et par là il tombe dans les erreurs que je signale. Il ne dépasse pas le positivisme.

J'ai exprimé souvent mon admiration pour le génie spécial de M. Berthelot, le plus grand chimiste de notre temps, comme pour celui de Bernard, un des plus grands physiologistes. Mais la question de philosophie générale, d'équilibre du savoir total, d'équilibre de l'esprit humain et par là des sociétés leur échappe également.

Ils ne font que nier les Fois. Ce n'est rien. Voltaire, l'Encyclopédie, le xviiie siècle et la Révolution l'ont fait avant nous. Il faut remplacer les Fois par le vrai levier de l'esprit et de l'âme, qui est le critérium impersonnel et infaillible, par la méthode qui doit être impersonnelle pour pouvoir être vraiment générale et universelle.

Nos expérimentateurs ne sont donc pas le salut. Ils jettent tous sans le vouloir le monde à la décadence.

L'expérience est un simple processus de l'esprit. Si j'osais, je dirais, ce sont les jambes de la pensée pour aller jusqu'à l'endroit où l'on touchera l'indestructibilité de certains faits matériels.

Faites-en le critérium infaillible et général, vous serez contraints de dire que partout où les sciences purement expérimentales ne peuvent arriver, il n'existe rien. Mais alors partout où les sciences physiques ne peuvent atteindre que par l'observation, les mathématiques par le calcul, les antinomiques par les lois logiques, l'esprit humain reste en l'air sans critérium réel. Or les sciences, par cela qu'elles sont, protestent contre cette théorie vraiment trop étroite pour rester celle des puissants esprits qui font la grandeur de nos sciences et de notre siècle. Chers grands hommes, méditez, vous avez ce pas à faire pour ne pas hasarder tout l'avenir de la science et par là l'avenir de l'âme humaine ; car l'âme n'a l'équilibre que par l'équilibre du savoir total.

Vous tombez, en sens inverse, dans la faute des fidéistes qui entendaient imposer la métaphysique et la méthode de leurs Fois aux sciences physiques et tuaient de douleurs ou de tortures les Abeylar, les Moines Bacon, les Rabelais (heureusement délivré). Vous voulez imposer les sciences physiques et leur méthode aux sciences morales et antinomiques dites métaphysiques. Vous ne pouvez les infliger aux sciences mathématiques qui étant constituées s'imposent ; mais vous les laissez exception sans critérium, et vous troublez tout l'équilibre humain, comme le faisaient les fidéistes.

Vous ne nierez pas que l'axiome ait une valeur de critérium pour les propositions de géométrie. Eh ! bien, tout fait devenant certain prend valeur axiomatique, donc valeur de critérium.

Quelle différence y a-t-il entre l'axiome et les autres faits. Celle-ci : L'axiome est un fait qui s'impose sans travail préalable. Les autres faits pour devenir axiomatiques exigent qu'on les aille chercher jusqu'à ce qu'on soit à l'endroit d'où on les voit s'imposant comme l'axiome.

Eh ! bien, on va à cet endroit par le même moyen : le raisonnement qui pour les faits matériels est l'expérience, pour les numériques le calcul, pour les antinomiques le syllogisme ou raisonnement logique. Ces trois instruments sont de simples processus pour parvenir jusque devant l'axiome cherché, c'est-à-dire le fait indestructible.

Les sciences d'observation, celles des faits numériques, celles des faits antinomiques prouvent leur certitude par elles-mêmes et par l'appui qu'elles trouvent dans la concordance de leurs lois avec les lois des sciences expérimentales. Donc l'expérience n'est pas et ne peut être le critérium universel de la méthode générale.

D'autre part souvenons-nous : l'expérience est écrasée sous cette loi expresse qui condamne le rationalisme. Elle n'est pas critérium parce que de soi elle est imparfaite ; parce que, comme l'évidence, elle est tantôt fausse et tantôt vraie ; parce que pour relever sa vérité et sa fausseté, il faut qu'il y ait un réel et tout puissant critérium infaillible. Elle n'est pas critérium parce que, comme le calcul et le syllogisme, la croyance, l'hypothèse, le sentiment, l'intuition, elle n'est qu'une simple opération de l'esprit humain. Or toute opération de notre pauvre pensée entraîne après elle les causes d'erreur sans fin qui sont inhérentes à l'homme. Cela est si vrai, que nous tous qui avons fait des expériences, nous avons pu peser les difficultés excessives que nous éprouvons à les instituer dans des conditions impeccables. Il faut donc encore ici un critérium infaillible qui juge l'expérience et ses résultats.

J'ai fort blessé un jour, et bien involontairement, Claude Bernard, en lui disant que la méthode n'était pas une invention de la science, mais une loi de vie, une loi naturelle nécessaire à toute existence; qu'elle appartenait à tous, aux ignorants, aux enfants, aux sauvages, aux bêtes ! Tout ce qui touche la vie, touche à la méthode et en vit. Voilà réellement la méthode vraiment générale et universelle. Elle est inconsciente, réflexe, ou voulue et consciente ; mais elle fait la vie animale, la vie de l'ignorant, la vie du savant. Ce n'est qu'une affaire de degrés. Pourquoi ? C'est que tout ce qui vit et pense, vit et pense par le Fait. Parce que le Fait est le médiateur d'énergie et le verbe de vérité. Est-ce que le philosophe serait moins orgueilleux que le savant spécialiste ? Peut-être. L'esprit d'universalité fait que l'homme se sent bien petit. L'esprit de détail fait qu'il se tient pour grand.

La méthode n'est pas plus une invention du savant que toute autre science. Nous n'inventons pas, nous découvrons et nous notons des rapports, faits et lois. C'est là le résultat des observations de ce qui est, c'est-à-dire des rapports des faits de tous les ordres. La méthode, elle, est l'observation des rapports des faits avec l'intelligence et des lois qui en résultent. Ces lois sont les lois de la certitude.

Les instruments méthodiques ne sont pas d'invention humaine. Nous raisonnons par nature, par affinités, et selon nos aptitudes personnelles, par les faits matériels, par les numériques, par les antinomiques. Et tout homme, la bête même, fait ainsi, avec plus ou moins de précision. Le chien qui tous les dimanches sait qu'il va aller à la campagne ou à la chasse, compte peut-être jusqu'à sept. Le sauvage qui ne compte que jusqu'à cinq et par ses doigts, l'animal qui ne compte pas du tout, ont encore un sentiment du nombre fort clair ; car ils sauront tous s'ils ont contre eux un ennemi ou deux ou une troupe entière.

Le sauvage se glisse derrière le roc d'où est tombée une pierre, pour découvrir la cause de cette chute ; il en fait tomber lui-même. C'est une expérience instituée. De même le savant invente avec des efforts et des réussites infinies de génie, les procédés d'expérimentation, du tube qui ira interroger les liquides de l'estomac vivant, au thermomètre, cet expérimentateur de la température.

Tout ceci reste en dehors des lois de la méthode générale. Elles sont plus profondes : ce sont les lois d'action réciproque des faits sur l'esprit, de l'esprit sur les faits. Ce sont les lois de la certitude.

V. — Appuyons sur cette difficulté : Il est nécessaire pour que la question de la méthode générale soit tranchée que le critérium infaillible soit applicable à tous les ordres du savoir, qu'il soit partout le même et que partout il ait le même caractère d'infaillibilité, que partout il ait les mêmes lois d'institution.

Nous savons à qui appartient ce caractère : au FAIT. C'est un axiome scientifique que le Fait est certain de soi. Étant certain de soi, il porte et communique la certitude qui est en lui. Lui seul a ce pouvoir.

Le Fait apparaît donc comme le critérium infaillible et seul général à tous les ordres du savoir, dès qu'il est prouvé existant. Et il est prouvé existant quand toutes les opérations de l'esprit humain instituées selon les lois de la science de la méthode étant accomplies, on se trouve en face d'un fait indestructible, axiomatique.

L'indestructibilité du FAIT axiomatisé, voilà donc le critérium général à tous les ordres du savoir. C'est là le signe du critérium impersonnel et universel, qui seul communique à l'esprit toutes les certitudes.

Il n'y a nul matérialisme, nul spiritualisme dans tout ceci. Il y a la pondération parfaite et ordonnée de la pensée, excluant tout rêve du moi, tout rêve fidéiste, et ne voulant que la vie éclairée par les lois absolues de la science et de la certitude.

Tout fait idéal ou matériel prend cette qualité de critérium. C'est parce que au bout des opérations de l'esprit calculant, le fait numérique se dresse indestructible, que l'homme est certain. C'est parce que au bout des opérations de l'esprit expérimentant, le fait physico-chimique se trouve indestructible, que l'homme est certain. C'est parce que au bout des opérations de l'esprit syllogisant, le fait antinomique se lève indestructible que l'homme est certain. La méthode impersonnelle encore un coup est la pondération même. C'est la fusion du matérialisme et du spiritualisme dans les lois de la vérité universelle et des trois ordres du savoir. Tout est excès qui n'est pas cette sagesse suprême, excès fidéistes, excès rationalistes. Là seulement est l'ordre et la paix par la vérité.

Mais il y a une difficulté pour le syllogisme ; car il se débride facilement sous l'action de l'intuition, du rêve du sentiment, de l'intérêt, de la passion, de la paresse, de l'aheurtement des Fois et des rationalismes, et il va quand même n'écoutant rien. C'est de là que naissent les scolastiques et les sophistiques, de là que naît le désordre du monde, des sectes et des opinions individuelles.

Or comme l'expérience et le calcul, le syllogisme (ou raisonnement par les faits antinomiques) doit être institué dans des conditions méthodiques parfaites. La science de la méthode les décrit. Alors sa solidité est égale à celle des deux autres raisonnements, le calcul et l'expérience.

Il y a d'ailleurs un moyen de le surveiller, de rectifier ou de corroborer son action. Infaillible moyen. Les preuves de l'expérience et du calcul se font soit par des recommencements, soit par des renversements ou autres moyens propres ; mais elles se font aussi au moyen du contrôle de l'expérience par le calcul et réciproquement, dans les cas où cela est nécessaire, c'est-à-dire dans les questions mixtes. Ainsi en est-il pour le syllogisme. Non seulement il se prouve par lui-même, par des recommencements, des renversements, mais encore par le contrôle du calcul et de l'expérience. La vérité totale n'est trouvée que par l'accord définitif de l'expérience, du calcul et du syllogisme, unis dans leurs solutions.

Nous avons en effet constaté l'inextricable lien des faits des trois ordres dans l'immanence universelle, nous avons montré que non seulement un objet de matière est matière, mais qu'il est un, donc il est nombre ; mais encore qu'il est grand ou petit, noir ou blanc, beau ou laid, donc qu'il est antinomique. Les trois ordres de faits se trouvent donc unifiés en tout. Les questions mixtes sont donc continues pour le syllogisme et c'est pourquoi il demande plus de soin que les autres raisonnements dans l'observation des lois d'institution méthodique.

Ni le calcul, ni l'expérience, ni le syllogisme ne se peuvent passer l'un de l'autre. Ils sont nécessaires à l'expérimentateur, au calculateur, au syllogiseur. Celui qui veut agir sans les deux autres, ôter aux deux autres leur valeur méthodique (quand les lois d'institution sont respectées), celui-là se condamne d'avance à l'erreur. Il y tombera fatalement. C'est ce qu'on a vu aux fidéismes qui veulent s'imposer aux sciences physiques. C'est ce qu'on voit à l'expérimentalisme qui veut s'imposer aux sciences antinomiques.

Les trois instruments méthodiques doivent fonctionner de conserve. Il n'y a pas de métaphysique sans physique et sans accord avec les lois physiques. Il n'y a pas de physique sans accord avec les lois antinomiques. Et les deux ne sont pas sans accord avec les lois mathématiques. C'est sur ces bases que nous avons élevé les sciences métaphysiques dont on voit un aperçu dans l'*Épopée Humaine*, et la constitution définitive dans nos ouvrages de prose.

Et les trois instruments méthodiques peuvent fonctionner de conserve, parce qu'ils ont les processus, les moyens nécessaires pour atteindre les trois ordres de faits, lesquels sont dans une intimité inénarrable. J'ai prouvé d'ailleurs que ces trois instruments n'en sont en réalité qu'un seul : le raisonnement, opérant par les trois ordres de faits différents. En tout cas ces instruments doivent fatalement, au bout de leurs opérations bien instituées et bien faites, arriver non pas à trouver l'indestructibilité des mêmes faits, mais la concordance scientifique des différents ordres de faits également indestructibles. La science totale en un mot est une ou n'est pas.

Hors de là tout est système, tout est fidéisme, rationalisme, individualisme, déguisés. Là seulement est la méthode impersonnelle et le critérium infaillible impersonnel ! Là est le salut de l'esprit humain et partant de nos sociétés.

VI. — L'exigence de la science de la méthode est donc tout autre que celle des fidéismes et des rationalismes. Elle ne se contente pas de ces critériums par à peu près livrés à l'homme, par les Fois et la Raison. Elle ne veut pas de ces infaillibles que l'homme peut changer à son gré. Il lui faut quelque chose d'immuable, d'indestructiblement certain. Elle ne veut pour critérium qu'une qualité essentielle au Fait et non à la pensée humaine. Elle commence par arracher le critérium à l'homme, à tout homme, à la raison, aux actes de l'esprit, à la foi, à la conscience, à l'organisme. Nul homme, nulle raison, nulle foi n'est critérium infaillible. C'est de là que lui vient son nom de l'IMPERSONNALISME MÉTHODIQUE.

Le critérium qu'il faut à la méthode, c'est le critérium impersonnel et certain par soi, qui partout, toujours, sans manque, donnera la certitude, et ne pourra jamais donner qu'elle. Ce critérium, je vous l'ai dit, c'est le FAIT. Le Fait est la mesure de l'homme, et non l'homme la mesure du Fait.

Le Fait est la substance de toutes les sciences. C'est parce que une science a des faits propres qu'elle s'institue. Toute science a ses faits que nulle autre ne peut avoir. Sans faits propres, capables de se présenter indestructibles et axiomatiques, il n'y a pas de science. Les sciences cosmologiques ont les faits matériels ; les sciences mathématiques les faits numériques ; les sciences philosophiques les faits antinomiques. La science de la justice, cette maîtresse de l'histoire, a pour faits les droits et les devoirs, les rapports des hommes entre eux (faits d'observation, d'expérience et faits antinomiques).

Toute science prend d'abord les faits à l'état d'hypothèses. Puis par les instruments méthodiques, institués comme nous l'avons dit, elle arrive à constater, à subir l'indestructibilité de ces faits. Alors elle se déclare en certitude.

Les instruments, les processus méthodiques apparaissent donc comme de simples moyens d'arriver à se placer en face de l'indestructibilité du FAIT. L'indestructibilité, l'axiomatisation du Fait apparaît comme la chose définitive qui impose à l'esprit la certitude. De là suit que l'indestructibilité du Fait qui est une qualité intrinsèque au Fait (et non plus intrinsèque à l'esprit humain), est le véritable, l'unique, le dernier critérium infaillible. L'esprit par lui est rivé dans la certitude. Le critérium est donc bien impersonnel et n'a plus rien, rien, rien de personnel. On peut donc s'y reposer sans craindre que l'homme soit encore juge et partie dans ses jugements.

Du reste la pratique scientifique, je l'ai dit, nous donne raison. Voyez ce savant : Il a fait, refait, retourné, recommencé ses opérations ; il ne se déclare pas certain, parce qu'il a fait des expériences, mais parce que, au bout de ses expériences, il retrouve toujours l'indestructibilité du fait cherché. Il faut que le savant se rende bien compte de cela. De rationaliste qu'il se croit, il deviendra du coup impersonnaliste. Il prendra enfin la conscience philosophique de son admirable pratique, qui n'a qu'un vice : être inconsciente et laisser à l'esprit humain tous les droits des fausses méthodes rationalistes.

Ce n'est en effet que parce que vingt, trente, cent, tous les chiens, tous les hommes vaccinés, n'auront pas la rage, que l'on concluera à l'efficacité absolue de la vaccination rabique. On affirme que la petite vérole a disparu de l'Allemagne par suite de la vaccine obligatoire. C'est donc uniquement parce que le Fait de préservation se présente indestructible que l'on se dit certain. Que font en effet ceux qui sont hostiles à la théorie de Pasteur ? Simplement ils cherchent à accumuler les faits contraires ; ce qui veut dire qu'ils détruisent l'indestructibilité prétendue du fait de préservation. — Nous ne discutons pas ; mais nous devons dire que pour juger impartialement les expériences de Pasteur et des autres savants, il faut toujours tenir compte si elles ont été vraiment faites dans les circonstances qui peuvent réellement amener à l'indestructibilité du Fait.

C'est aussi ce que l'on voit aux sciences mathématiques, quand après les calculs faits, refaits, retournés, on arrive à trouver le même total. La présence indestructible de ce fait est seule le critérium infaillible qui fixe le mathématicien.

Les faits idéaux, les faits matériels (qui ne sont également, au fond, que des rapports, ne l'oublions pas), ont donc la même puissance d'être critériums. Chaque proposition a pour critérium l'indestructibilité du fait cherché quel qu'il soit.

Or, méthodiquement nous arrivons ainsi à ce grand résultat : enlever le critérium aux opérations de la Raison quelles qu'elles soient ; à trouver un critérium hétéronomique dans chacun des Faits des sciences, c'est-à-dire en terme général dans le Fait. Amis, cela constitue précisément le critérium impersonnel ! Or, toute la révolution méthodique est là. Et ses conséquences sans nombre sont le salut de l'esprit et des sociétés, parce qu'elles en sont l'équilibre et la pondération.

VII. — Nous verrons et pèserons les conséquences d'un critérium impersonnel enseigné à l'homme depuis l'enfance à la place des critériums personnels des fidéismes et des rationalismes. Mais déjà nous devons dire :

Les fidéismes exaltaient l'infatuation des églises et des sectes jusqu'à l'absurde et au crime ; les rationalismes exaltaient l'infatuation du moi jusqu'au crime et à l'absurde, ainsi que nous l'avons constaté. L'impersonnalisme donnera à l'esprit l'habitude de pondérer méthodiquement et scientifiquement ses pensées et ses actes (un chauffeur le fait bien sur sa machine). Il empêchera d'admettre légèrement, c'est-à-dire de sentiment, d'intuition, de fantaisie, les croyances, les hypothèses comme des certitudes ; d'avoir en soi-même une outrecuidante confiance, qui cause les jugements précipités *à priori*. Il obligera de soumettre tout et de se soumettre à un grand juge impersonnel à tout homme, et dans lequel on doit avoir une confiance de plus en plus grande, puisqu'il augmente la science et l'équilibre de la vie ; puisqu'il est en réalité le seul juge en dernier ressort.

Quand l'homme, par l'habitude que donne l'éducation, aura cette vérité imprimée dans l'esprit, la logique fatale de la méthode et du critérium fera arriver la pensée à une attention, à un soin d'observation qui imprimera à la conduite humaine une gravité nouvelle, qui enfantera une marche de conceptions, de progrès, d'action, d'institutions aussi ordonnée qu'il est possible dans l'humanité.

Et, nous l'avons vu, on ne peut pas dire que nous changions la nature de l'homme, que nous lui demandions plus qu'elle ne peut, puisque les Fois ont exigé les dépouillements les plus absolus, les dévouements les plus effrénés. L'homme les a acceptés ! Il a montré par là qu'aucun détachement n'était au-dessus de lui. Et il le montre encore dans toutes les grandes circonstances. L'impersonnalisme n'exige d'ailleurs aucune de ces renonciations à la nature humaine ; il ne fait que lui indiquer où est sa véritable force ! Nos laboureurs, nos marins, nos savants (bien qu'ils se croient rationalistes), pratiquent inconsciemment cette méthode. Ils renoncent à leurs hypothèses, à leurs systèmes en face de l'indestructibilité des faits. Ouvrez les yeux, chers savants, vous le proclamerez avec moi. Vous n'arrivez que par votre pratique impersonnelle à des certitudes, à des découvertes. La méthode impersonnelle est la méthode naturelle de l'homme. Dans la vie et dans la science, depuis que le monde existe, elle lui a donné seule toutes ses certitudes. Je ne vous demande que d'en prendre enfin conscience. La méthode impersonnelle n'exige donc de l'homme que ce qu'il peut pratiquer.

Nous avons désormais tous les éléments méthodiques et historiques nécessaires pour établir la rectification d'abord, l'accomplissement ensuite de la loi de l'histoire ; appliquons-les. Nous savons en résumé que l'expérience comme toutes les autres méthodes rationalistes, comme les fidéistes est incapable d'assurer le salut ordonné de nos civilisations, mais au contraire les plonge dans un matérialisme effréné et corrupteur comme nous allons le vérifier à la 5ᵉ partie de cet écrit.

CINQUIÈME PARTIE

LE SALUT DU PRÉSENT ET DE L'AVENIR

PAR

L'ACCOMPLISSEMENT DE LA LOI DE L'HISTOIRE

CHAPITRE Ier.

Rectification de la Loi de l'Histoire. Situation historique.

———

I. — Nous avons dans le courant relevé les horreurs des fidéismes, les stagnations millénaires dans lesquelles ils ont plongé les sociétés de la première antiquité et toutes celles où les théocraties se sont installées en maîtresses.

Nous avons vu que l'essence des théocraties est de condamner à jamais les peuples à l'état de *moyen âge,* puisqu'elles arrêtent la science, et de les empêcher d'entrer dans la civilisation véritable, qu'ouvre seul le rationalisme, et que *seul* L'IMPERSONNALISME *peut ordonner définitivement.*

Nous avons vu que les Fois étaient la division fatale de l'humanité en Églises, en sectes, en émiettements indéfinis des sectes ! Nous avons constaté par conséquent que les Fois sont l'empêchement à l'unité, dès lors à la paix humaine. Qui ne le voit pas, c'est qu'il ne veut pas voir. Toute l'histoire est là. Toutes les Fois sont là. L'unité de la science est là qui les juge.

Est-il rien de plus insensé que ce nom de peuple de Dieu que s'attribuaient nombre de tribus, de nations, les Iraniens, les Juifs, par exemple, auxquels, follement, certains savants le conservent. Peut-on nier plus complètement l'idée du Dieu-Universel ? Ce Dieu veut montrer qu'il peut former un peuple saint et grand entre tous et il aboutit à ce petit, à cet implacable, à cet improductif peuple Juif, qui ne fut sublime que dans ses terreurs, qui a subi tous les esclavages de l'antiquité, en Egypte, en Assyrie et dans l'Europe du moyen âge, par le fait d'une Église, laquelle se dit elle aussi le seul peuple de Dieu ! Et à son tour qu'est cette église de la grâce ? Le peuple des élus *à priori*, c'est-à-dire de l'injustice divine.

Quel mal s'est donné ce grand, cet adorable Pascal pour s'expliquer la théocratie ! Comme on comprend bien que, n'y pouvant parvenir, il soit mort de découragement et de désespoir, tué par cette tendresse morale qui était le fond de son âme !

En regard nous avons parcouru, étudié, les péripéties de logique fatale où les rationalismes plongent la pauvre humanité faisant ses plus nobles efforts vers la liberté, la science et le progrès.

Nous avons donc vu dans cette grande mer des âges les deux courants qui roulent les siècles. Ils vont, tantôt isolés, tantôt se pénétrant l'un l'autre, tantôt se dressant l'un contre l'autre, comme ces mascarets gigantesques qui anéantissent tout autour d'eux. Ils commencent dès la première époque du monde. Ce sont les deux constantes de l'histoire. C'est le fidéisme et le rationalisme.

La légende et l'histoire de toute la terre ne sont que les récits de leurs luttes, de leurs défaites, de leurs victoires. La caractéristique des fidéismes, c'est la durée séculaire dans la stagnation tyrannique et improgressive. Le signe essentiel des rationalismes, c'est la rapide expansion du progrès, la subite chute dans les décadences. L'un est un astre immobile et mort ; l'autre un bolide qui se brûle en sa course d'une heure.

Dès la société védique nous avons déjà vu ces méthodes rationaliste et fidéiste. Nous les avons relevées des variations des odes du Véda elles-mêmes et des affirmations de Zoroastre et de Manou, des Destours et des Brahmes. Ces deux méthodes se sont fait jour dans l'Inde où l'organisation brahmanique, sorte d'épiscopat primitif chrétien, laissait à l'esprit la marge de liberté qu'ont eu les premiers âges du christianisme. Les évêques de Jésus en firent des hérésies, les Indous débattirent les systèmes divers de philosophie que les temps grecs et modernes devaient pousser à leur bout. Ces systèmes n'aboutirent pas cependant dans l'Inde à faire vivre socialement le rationalisme. Ils ne sont arrivés qu'à produire le grand changement de fidéisme qui s'abrite derrière le nom de Bouddha.

Toutes les sociétés de la première et même de la seconde antiquité présentent ce caractère, que le rationalisme est étouffé par les fidéismes puissamment constitués soit sous les prêtres soit sous les rois, et résistant à tous les assauts.

La Grèce seule fait exception. Après elle, Rome en est une copie infidèle, car, en donnant le pontificat à ses sénateurs, elle faisait de la patrie une théocratie aristocratique, comme aurait pu être le Sénat de Venise se décernant le titre de prêtre.

La pratique du rationalisme, sa constitution, n'apparaissent donc vraiment que dans le monde Grec et plus spécialement à Athène. Aussitôt un débordement de progrès sort comme une éruption de volcan. Le monde en quelques cent ans fait ce qu'il n'avait pu produire dans des milliers. Mais un siècle est une heure de peuple. Tout tombe bientôt sous la dictature de Philippe et d'Alexandre. L'étincelle communiquée au monde Romain (cette seconde épreuve mal venue du rationalisme grec), s'éteignit de même sous les empereurs, si l'on peut dire qu'elle était vraiment allumée sous le Sénat-Pontife. Le Sénat-Pontife avait engendré les empereurs-Dieux.

A partir de ce moment le désordre rationaliste et fidéiste tout ensemble des successeurs d'Alexandre, celui des empereurs fils de César, qui leur ressemblent tant et sont pires encore, achevaient la désorganisation de ce rationalisme individualiste si peu stable par lui-même.

C'est cette impossibilité de vivre du rationalisme individualiste, qui permit le succès des nouveaux fidéismes de Jésus et de César. César était la suite d'Alexandre et de l'Assyrie. Jésus était le dernier écho de l'Inde, de la Perse, de l'Egypte et de la Judée. César constituait le fidéisme impérialiste, Jésus le fidéisme christianisme. Ils étaient tous deux un formidable recul sur la noble liberté grecque si productive, si chercheuse de justice et de méthode. Jésus faisait redescendre le monde à Manou, à Zoroastre, à Bouddha, à Moïse. Le christianisme, bien qu'inférieur à beaucoup d'égards à quelques fidéismes antiques, les débarrassa en les simplifiant d'un grand nombre de mensonges et d'une superfétation puérile de médiateurs. Mais il créa d'autres faussetés, que nous avons relevées, et il accomplit l'effrayante chute du rationalisme et par là de tout le progrès de la pensée et des sociétés. Le monde allait retomber dans la stagnation séculaire des civilisations de la première antiquité. César et Jésus se donnaient la main. L'organisation de l'Église allait calquer celle de l'empire. Et le double cercle de fer vient jusqu'à nous. Il nous menace encore, empire et Foi.

Cependant un grand changement arrive dans le monde. En face de l'empire, en face de la puissance cléricale se lève un peuple neuf, les Français. Ils ont inscrit dans leur loi fondamentale cet idéal, c'est-à-dire ce critérium méthodique : Chercher la clef de la science et la justice selon sa raison.

Ce peuple est donc rationaliste en face des fidéismes. La guerre va recommencer. L'histoire de cette bataille mêlée à celle des invasions de toutes les barbaries environnantes, c'est l'histoire de France. Il n'en fut jamais d'aussi belle au monde, même celle de la Grèce. La France est une Salamine continue.

Le rationalisme français au commencement ressemble beaucoup à un instinct. Mais bientôt il prend conscience, il s'affirme et triomphe du fidéisme théocratique dans la première renaissance, celle du xii⁰ siècle, uniquement française. Il tente aussi de s'affranchir du fidéisme autocratique et aristocratique des féodaux. Mais par malheur, trop faible, il est contraint de s'allier au fidéisme autocratique des rois, qui bientôt le domineront et pour longtemps malgré les protestations de la commune et l'incessante discussion des *cahiers*, ces premières voix de la Révolution, ce cœur rationaliste et salique de la France.

D'autre part le fidéisme théocratique chrétien vient briser la pensée elle-même par les guerres inquisitoriales, les massacres et les tribunaux de l'Inquisition, confisquant le pouvoir judiciaire dans toutes les nations. Il a déjà profité des désordres apportés par la funeste loi du partage héréditaire entre les rois, et du droit de conquête déférant les attributs royaux à chaque féodal. Le fidéisme chrétien l'emporte, s'impose par mille faux, mille ruses, mille violences et retarde ainsi, dans la séculaire stagnation du moyen âge, la pratique et la reconstitution sociale du rationalisme français, qui, pendant tout ce temps, reste à l'état de théorie, d'admonestation des cahiers aux rois, des critiques des littérateurs au dogme chrétien.

Notre moyen âge ressemble beaucoup à la société fidéiste Indoue, avec cette différence que le rationalisme français travaille incessamment les âmes et demande à bondir. Il a en effet de grands éclats : Il modifie le Jésus juge implacable en un Paraclet doux et consolateur fils d'Abeylar ; il ruine l'empire universel des Papes par l'unanimité de la nation française prêtant appui à Philippe le Bel, Il apprend au monde comment on brûle les bulles papales. Enfin le rationalisme français reprend toute sa force par la première affirmation philosophique du critérium-expérience de Rabelais, dans ses leçons d'anatomie et dans son immortel ouvrage d'art. Bacon en fera la dogmatique en suivant le maître. Enfin le rationalisme s'affirme roi par Descartes, il enlève la direction de l'Europe à Rome, par Henri IV et Richelieu, il fait la Fronde réprimée par l'autocratie royale, mais qui va reparaître, se développer dans les arts et la philosophie de la nation, pour aboutir à son intronisation souveraine dans la Révolution.

Alors tous les maux inhérents au rationalisme reparaissent soudain. Et comme le rationalisme grec est tombé sous la dictature de Philippe puis d'Alexandre, il tombe sous la dictature de Robespierre ; et comme le semi-rationalisme de l'ancienne Rome est tombé sous la dictature des empereurs, il s'abat sous la dictature de Napoléon.

II. — Depuis ce temps, ces deux ennemis, le fidéisme et le rationalisme se disputent la France, et autour d'elle le monde, avec des alternatives de victoires et de chute. Tous les fidéismes sont en lutte contre tous les rationalismes. Et dans chaque camp, chacun est en guerre contre chacun. C'est la désorganisation universelle ! Les deux rivaux se saisissent sans cesse sans pouvoir se vaincre. Et les hommes bien intentionnés des deux partis ne se doutent pas que dans cette lutte les uns et les autres contribuent à la chute de la patrie, à la chute de la civilisation moderne. C'est en raccourci dans notre seule époque, tous les combats qu'a vus la terre depuis ses premiers jours ; mais aussi, hommes, amis, ennemis, frères que je voudrais sauver, c'en est l'acculement dernier !

Qui vaincra ? Personne. Il faut un troisième terme pour venir sauver. Il faut que la méthode naturelle, faite enfin scientifique, vienne abattre fidéisme et rationalisme ; ou si vous voulez, les fonde en elle, comme la science fond en son sein les hypothèses. C'est ce que nous allons étudier.

CHAPITRE II

Rectification de la Loi de l'Histoire. Situation actuelle.

I. — Qui vaincra ? Personne !

Car ni le fidéisme ni le rationalisme, nous l'avons vu tout le long de nos expériences dans cet écrit, n'ont les éléments de la victoire définitive !

C'est qu'ils ne sont tous deux que des Fois, je l'ai dit : Foi à la raison d'un homme, qui a immobilisé le progrès dans un dogme, dans un décret ; Foi au Moi individualiste, qui l'immobilise dans son égoïsme, et met sa passion, son sentiment, à la place de la vérité.

Nous avons tout cela sous les yeux. Nos sociétés n'ont plus que trois sortes de gens : les aheurtés dans les Fois qui vivent d'un passé d'il y a plusieurs mille ans ; les aheurtés dans le moi, jouisseur et chercheur d'argent, par le dol, le vol souvent aussi bien que par les affaires honnêtes ; les aheurtés dans les anciennes méthodes qui composent le monde instruit ou même savant, incapable d'un effort pour monter à la notion de la méthode générale et scientifique, car il est aveuglé, comme nous l'avons dit, par la droite marche empirique des sciences physiques et mathématiques. Vous pouvez mettre des noms d'hommes dans ces camps de lutteurs, je m'en abstiens. Je ne fais pas de polémique personnelle, je parle des principes sacrés directeurs de la pensée et des sociétés. Je constitue une science. Je ne voudrais attaquer personne. C'est l'histoire qui me force à des critiques que je voudrais laisser générales.

Que fait le fidéisme aujourd'hui ? Il recommence les enfantines superstitions des âges sauvages et barbares et des moyen âges qu'il peut seuls enfanter. Il vend de l'eau de Lourdes comme le Brahmane l'eau du Gange. Et faut-il dire qu'un de ceux qui ont le plus contribué au succès de Lourdes est un abbé, fort beau, qu'un mari, justement jaloux, fit nommer évêque pour le chasser de Paris. Le fidéiste a des scapulaires, des manitous comme les sauvages, comme les puériles fois antiques. En même temps il tâche à semer l'ignorance, la défiance contre la science, pour reprendre dans son filet de fer le progrès qui s'efforce d'en sortir.

La science malheureusement donne barre sur elle, en s'obstinant, par ignorance philosophique, dans le rationalisme et ses méthodes. Et nous vivons dans l'anxiété de voir deux nations s'élever dans la patrie, par deux méthodes ennemies et qui, ne se pouvant jamais vaincre, laisseront toujours subsister et grandir le péril.

Il n'est, vous le sentez déjà, qu'un moyen de le conjurer pacifiquement et réellement, c'est d'avoir la méthode supérieure, la scientifique, donc la certaine et l'infaillible, qui fera naturellement l'unité, parce qu'elle la porte dans son essence. Nous l'approfondirons ; continuons :

Que fait la théocratie papale ? Après avoir porté à la France les séculaires blessures qui ont tué ses rois de la seconde race par les fausses décrétales et les guerres parricides, tué sa première renaissance par l'Inquisition et les massacres cléricaux de Béziers et autres ; après avoir tué cette sainte de l'inspiration directe, à qui la France a dû en grande partie son salut, Jeanne d'Arc ; après avoir imposé à ce satyre inintelligent François Ier le Concordat d'où devaient sortir les guerres de religion ; après avoir fait révoquer l'édit de Nantes par les Jésuites et Bossuet, ce qui a causé et cause encore tant de maux à la France ; après avoir conspiré contre la France avec l'étranger, avec les Gaulois de Bretagne pour anéantir la Révolution, cette réalisation du grand idéal français : Chercher la clef de la science et la justice selon sa raison ; après avoir mis la patrie à l'extrémité dernière ; après avoir refait avec Napoléon ce Concordat qui a peu à peu jeté les affolés, les aveugles, les égoïstes dans les bras du plus étroit et du plus implacable ultramontanisme, lequel lancerait la France dans une guerre romaine et perdrait d'un coup la patrie, la théocratie papale conspire avec tous les peuples qui consentent à l'entendre, car ce qu'elle veut avant tout c'est abattre le rationalisme français, sa séculaire terreur !

Que les cléricaux de France s'interrogent de bonne foi, sans restriction ; qu'ils voient en Belgique le parti clérical et le roi, amis de la Prusse, ennemis de la France. La question est jugée par là. Les cléricaux français n'ont pas d'excuse. Qu'ils méditent l'histoire ! Le cléricalisme c'est la mort de notre patrie. Entendez ce mot, au fond de votre aveuglement, pauvres femmes incapables de jugement, pauvres ignorants, pauvres ambitieux de tout rang, qui n'écoutez que la vanité, l'intérêt de votre *moi*, les préjugés de votre crédule enfance, les terreurs d'un dogme des élus et d'un enfer éternel, qui sont la plus épouvantable insulte faite à Dieu par les religions !

Que fait l'autocratie théocratique prussienne ? Elle asservit l'Allemagne et rêve d'asservir le monde. Elle propose à la Russie de renouveler avec elle les empires d'Orient et d'Occident. La Prusse serait bien sûre, tenant l'Occident formidable, d'écraser les populations ignorantes de l'asiatique Russie. La Prusse entraîne des rois aveugles dont elle se défaira comme de l'Autriche après Sadowa ou comme du roi de Bavière. Elle plonge l'Europe dans la ruine par ses armements incessamment croissants. Tapie, elle attend l'heure d'une guerre décidée déjà, et dont je pourrais dire qu'on voit les préliminaires. Elle organise l'espionnage universel comme l'ancienne Inquisition. Elle vient marquer les maisons pour l'incendie, le vol, l'assassinat. Elle envahit en pleine paix les États européens. Car c'est en Europe que ces choses se passent !

L'Europe ne dit rien ! Alléchée par l'odeur de carnage, elle espère un morceau de la curée et laisse faire. Elle voit s'installer le brigand et se courbe. Que dis-je ? Des rois font alliance ouvertement. La France et la Russie seules dans la sérénité lèvent le front.

La Prusse voudrait faire croire que la France la hait. Non la France ne hait pas la Prusse, elle la méprise ! Le juste, le généreux ne hait pas le mal, l'envie, la trahison, le meurtre, le manque de sens moral. Il les juge et les met hors d'état de nuire. C'est tout. Je le dis : La France voudrait pouvoir même aimer la Prusse. Que la Prusse ait l'idéal Arya du juste, la France pardonnera, aimera.

Les théocraties autocratiques ou cléricales ont des vices analogues, des moyens identiques : Trahison, assassinat, intérêt, force. Autour de nous les théocraties royales, filles de la Bible, en font renaître les bassesses, les cruautés, les turpitudes.

La Prusse et les peuples bibliques jettent le monde en un recul moral qui voudrait anéantir l'idéal des Aryas représenté par la France. Ce serait faire revivre les cruautés assyriennes et romaines des deux Romes, l'antique et celle du moyen âge.

Ces peuples se disent peuples de Dieu comme le Juif, comme toutes les tribus de gens de couleur qui ont eu leur petit Manitou-Dieu pour elles seules. Quel avenir moral pour le monde si ces peuples d'intérêt l'emportaient ! Ce seraient des siècles de siècles de bas empire. Où seraient la justice, la fraternité des Aryas, de la France ?

Il suit de là que les théocraties papales et royales sont les ennemies fatales de la France. Ce sont elles qui ont combattu la Révolution et ont fait lever contre la patrie les quelques restes Gaulois qui subsistent encore chez nous. C'est avec l'autocratie prussienne que la théocratie papale combinait encore hier les trames qui devaient enlacer notre patrie. Les revirements apparents ne sont que des tactiques.

Rien ne peut rapprocher ces éléments, par là seul que les critériums infaillibles (ces points intimes de la vie des hommes et des peuples) sont diamétralement opposés au critérium français : *La justice, la clef de la science, la raison !* Alliés un jour ils seront ennemis demain. Rome, je l'ai dit, n'a que défiance des Français même catholiques. Si chaque catholique français faisait haut l'aveu de ses répugnances et de ses négations tacites, il y aurait bien peu, même de femmes et de prêtres, sur qui l'Église prononcerait le : *Dignus est intrare*. Il n'y a pas pour ainsi parler un catholique en France qui ne soit sous le coup d'une des excommunications du *Syllabus*, lequel est réellement la logique de la doctrine de l'Église, de Jésus et de toute révélation, quoique fassent et quoique disent les esprits mitoyens et édulcorants.

Souvenez-vous, Français : qui est théocrate n'a pas l'âme française, ne connaît pas, ne comprend pas la France et ne peut l'aimer de plein cœur. Il pense, agit, même malgré lui, contre la patrie.

Chaque Foi ne veut faire dater le monde, la moralité, la vertu, la sagesse, le savoir que d'elle. Le reste n'a pas existé. Le reste n'a été que le faux, que le mal. Eh ! pauvres Fois, qui que vous soyez, vous êtes toutes les mêmes ; vous n'avez pas plus de valeur l'une que l'autre devant la méthode et la science, étant toutes des hypothèses. Vous devez toutes passer au laminoir des lois de la certitude. Or, comme ce qui restera de vous ne sera plus dû qu'à la science, vous disparaîtrez comme organisme complet, même quand il resterait de vous des vérités de détail.

Allons, pauvres chères Fois, sortez donc un peu de votre égotisme absolu, et considérez la vie entière du monde, pesez toutes les religions voisines ou éloignées comme le fait la science, et vous apprendrez l'humilité, tristes vaniteuses qui croyez être tout et n'êtes qu'un rêve de plus, si noble qu'il soit, ajouté à tous les rêves des humains.

Une seule chose n'est pas rêve : La science faite. Les lois de la certitude ne peuvent pas être bafouées désormais. Soumettez-vous. Agrandissez votre pauvre petit horizon absolument dérisoire et insolent, insolent comme l'ignorance qui veut en remontrer à la science-faite. Il a vécu d'autres hommes que vous, pauvres amis. Ils ont eu des cœurs, des rêves, des élévations comme vous. Ils les ont cru sacrés comme vous, parce que l'homme est tenté toujours de prendre ses émotions pour sacrées.

Mais au dessus de tous les hommes il y a les lois de la certitude. On ne peut pas plus se jouer par le rêve des idées composant la RELIGION qu'on ne peut se jouer de celles qui font la numération ou la composition réelle des choses et des êtres.

Bas les rêves, enfants ! Haut les cœurs vers la science de la Religion !

Mais d'un autre côté le rationalisme et la science en ce qu'elle a de rationaliste, donnent, comme je l'ai dit, un lamentable spectacle. Ils divisent, subdivisent, émiettent les partis au profit du *Moi*. Chacun ne voit, ne veut voir que le développement de son *Moi*, sa pensée propre et celle de sa petite coterie, laquelle se disloque bientôt elle-même à la moindre nuance discordante. L'idée de nation, de patrie, l'idée de science même sont anéanties au profit de l'orgueil, de l'intérêt personnels. Le *Moi* domine tout, et le moi proclame par les forcenés qu'il jouera du couteau. Hélas ! on en joue partout maintenant. Jamais la douce

France n'avait connu ces mœurs. C'est la tyrannie absolue du moi.

Le rationalisme aboutit là exactement comme les Fois. Nous l'avons vu par Robespierre, par Napoléon ; nous le voyons autour de nous par les logiciens du *Moi*, même les plus infimes. Grégoire VII, Innocent III, Gengiskhan, Mahomet, Tibère, Caligula, ne seraient pas plus tyrans que ces hommes s'ils arrivaient à la puissance.

Pourquoi le point d'arrivée est-il le même dans les rationalismes et les fidéismes ? C'est que tous deux sont des évidences personnelles, des satisfactions individuelles, des Fois, qui se résument toujours en un acquiescement individualiste, lequel veut s'imposer par tous les moyens jusqu'au meurtre.

Or, ces hommes ont droit logique, de par les méthodes rationalistes, d'affirmer et d'agir ; comme les fidéistes ont droit logique au nom de leur foi.

Les rationalistes sont autorisés par leur méthode à dire : Je parle, j'agis au nom de mon évidence, de ma raison, de mon expérience, de ma conscience. Et l'on n'y peut rien reprendre. L'éducation rationaliste de notre monde pensant ne peut leur prouver leur tort. Rabelais, Bacon, Descartes, Voltaire, Comte, par leurs critériums leur donnent raison.

Pas plus on ne pouvait répondre aux fidéistes catholiques, réformés, musulmans ou autres quand ils criaient : J'obéis à ma foi, je tue et je meurs pour elle. La méthode fidéiste leur donnait raison ; bien plus les saluait justiciers ou martyrs.

Donc élever les hommes dans une de ces deux méthodes fidéiste et rationaliste, c'est les pousser en dernière logique au meurtre pour leur foi, leur évidence, leur critérium. Ainsi se font les massacres de Béziers, les Saint-Barthélemy, les autodafés, les grandes fournées, l'Inquisition, la Terreur.

Aujourd'hui encore nous voyons sous nos yeux le rationalisme individualiste tuer pour une théorie personnelle, pour un intérêt souvent ignoble, pour un rêve parfois insensé qui éclot dans quelque cervelle mal équilibrée. Le catholicisme saluait la folie de la croix. Les méthodes fidéistes et rationalistes donnent, comme dernier terme logique, droit à cette folie.

De cette absurdité les chrétiens ont fait une gloire. Toutes les religions l'ont pratiquée par les fakirismes et les supplices personnels voulus, des Indous aux cénobites. Les rationalistes l'ont mise en œuvre par l'insanité des brigands, des duellistes, des bravis, des Marat, des Robespierre, des Napoléon, qui ont promené la mort autour d'eux pour réaliser leurs rêves.

Le rationalisme est tombé aussi bas que le fidéisme.

II. — Or on voudrait sortir de là. Impuissance absolue ! On voit le mal ! Toutes les bonnes volontés se débattent ! On cherche avec ardeur, avec bonne foi ! En vain ! On ne va pas au premier principe, à ce qui seul peut faire dans l'âme, dans l'esprit, ce que l'on a appelé d'un mot juste : la conversion. Oui c'est la conversion de l'âme par la conversion de la pensée, par la conversion du critérium qu'il faut obtenir ! Méditons :

Les vices des fidéismes si terribles, si implacables, si fatals, sont percés à jour par toutes écoles rationalistes modérées ou avancées, universitaires ou socialistes. Et cependant grâce à l'impuissance des rationalismes, il existe toujours des fidéismes ! On voit très bien toutes les ruses de leur fourberie pour arriver à resaisir la force ; on sait très bien que, l'ayant resaisie, ils auront encore recours aux violences ; on sait qu'ils aboutissent toujours à abaisser l'ordre social vrai, la liberté de la science, la hauteur morale même. Rien n'y fait ? Ils vivent toujours et toujours agissent.

Pour fuir les résultats logiques des fidéismes, dans tous

les états de nos jours, beaucoup se jettent aux rationalismes, et pour fuir les résultats logiques des rationalismes, d'autres se rejettent aux fidéismes. Il y a une grande quantité de bonne foi dans ces revirements. Il y a la terreur des conséquences de chacun de ces critériums. Il y a aussi l'utilisation de leur influence par les *moi* raplatis et vils.

Mais on n'aboutit pas. La grande bataille sourde ou patente continue. Elle vient du fond des temps et ne s'est jamais montrée plus à nu. Séculaires impuissances !

L'homme ne peut pas se débarrasser comme il veut, quand il veut, des faux critériums infaillibles, qui font les constantes de l'histoire. Il faut qu'il trouve scientifiquement le vrai, ou il retombe ballotté, alangui, perverti, en ces deux antiques faussetés, ne sachant jamais à laquelle il doit réellement se fixer ; car il trouve des qualités et plus de vices encore dans les deux.

Les vices du rationalisme on les voit aussi. Ils apparaissent aux rationalistes eux-mêmes ! Et comment ne les verraient-ils pas avec leurs conséquences aussi terribles que celles des fidéismes ! Qui n'aperçoit qu'avec des élans magnifiques, ils tombent à des chutes rapides ? Ils font l'homme libre, soit. Mais ils le bornent à son *moi*. De là l'amoindrissement ; de là les décadences. Le rationalisme ne connaît pas l'impersonnalité. Ayant pour principe le *moi*, il est tout au *moi* ! Par là il ne connaît ni le dévouement, ni le sacrifice. Il ne connaît plus bientôt que son petit intérêt personnel. C'est le raccornissement de l'homme.

Seul le cœur avec ses grands coups généreux, vainc la fausseté intellectuelle de la doctrine et du critérium rationalistes. Malgré tout, on l'a vu chez nous s'élever à ces sommets sublimes : unité, sacrifice, dévouement. C'est l'histoire de la Révolution, la Fédération, la nuit du quatre Août, les engagements volontaires. Les élans de cœur de toute la nation et de grand nombre des meneurs de la

Révolution, parmi lesquels Vergniaud, Carnot, Cambon et le calomnié Danton.

La Révolution française fut bien en un sens la Révolution par le rationalisme ; mais elle fut, plus encore peut-être, la Révolution par le cœur ; et cela lui donna l'envergure impersonnelle qui en fait la Révolution universelle ! Elle arriva par là à poser les premiers axiomes de la science de la justice sociale ! O Patrie, immense espoir pour toi ! Qui est si impersonnel par le cœur, peut, doit le devenir par l'esprit, quand la science sera faite.

Mais nous voyons en même temps combien le rationalisme a dévoyé cette grande impersonnalité du cœur en France, dans les excès de la Révolution d'abord, et dans l'expérience des temps vécus depuis jusqu'à nos jours. Confinant l'homme dans le *moi*, le rationalisme lui enlève peu à peu les élans de son âme, l'accule dans l'égoïsme logique de la doctrine !

C'est ce que l'on voit aux secondes épreuves de la Révolution où les élans apparaissent bien attiédis. Merlin de Thionville, qui décida en partie la chute du dictateur Robespierre, disait aux hommes de 1830 dans un langage plus énergique encore : « Vous êtes des pleutres ! » Qu'aurait-il dit à la faible protestation qui se manifesta contre le coup d'État de Napoléon III ? Que dirait-il devant la nuée de sycophantes prévaricateurs qui menace notre République ? Que diraient avec lui tous les hommes de notre Révolution, tous restés pauvres (sauf Barras et quelques autres), devant les appétits d'intérêts qui avilissent les républicains de l'Amérique et de chez nous, hélas !

Allez maintenant chez les autres peuples de l'Europe et vous verrez, fût-il mêlé aux fidéismes, l'égoïsme du *moi* poussé plus loin qu'en France et même qu'en Amérique, bien que ce grand pays, si plein de sang anglais et allemand, et faussé par les doctrines bibliques, marche vers un abaissement anaryen. Utilitaire même en religion, il est fait pour affliger les droites âmes de la France.

Le rationalisme réduisant l'homme au *moi* comme critérium, lui enlève tout idéal, tout but qui n'est pas le *moi*. Dans l'ordre moral, lui qui appelait la justice, il arrive à la détruire. C'est que chercher la justice c'est très bien ; mais la chercher par la raison, c'est la faute méthodique qui conduit à altérer l'idée même de justice.

Ce sont les faits, c'est-à-dire les rapports naturels et exacts des droits et des devoirs réels de l'homme, des hommes entre eux qu'il faut scientifiquement observer, noter, codifier. C'est donc le fait hétéronomique qu'il faut prendre pour critérium et non des tas de systèmes qui tombent l'un sur l'autre comme des châteaux de cartes, parce qu'ils viennent du *moi*.

Le rationalisme finit donc par remplacer dans l'âme humaine l'idée de justice par l'idée d'intérêt personnel. Les peuples qui y obéissent ont franchi ce pas ! Que la France s'arrête et ne le franchisse jamais, grands cieux !

Dans l'ordre social le rationalisme engendre une démocratie qui croule sous l'individualisme déchaîné, sous les exigences vénales de chaque parti et de chaque homme, et qui ne laisse de possibilité d'existence qu'à un despotisme social ou individuel, ne reconnaissant que lui-même, son intérêt, sa joie, sa force. En un mot fidéisme et rationalisme ont la même fin fatale, partout, toujours.

Qu'on ne l'oublie pas, ce n'est pas là un système, une théorie en l'air. C'est l'histoire. Ce sont les faits. Nous l'avons vu : Les âges grecs sont tombés sous Philippe et Alexandre ; la République aristocratique et théocratique romaine sous l'empire, cette déification avouée, cynique, logique du *moi* des empereurs. De nos jours où en sont les rationalismes anglais, américain, allemand, italien, espagnol ? Ils n'ont qu'un cri : Mon intérêt, ma richesse, ma force, et ils acceptent les fidéismes pour les protéger.

La France, cette bonté, résiste à ces conséquences

rationalistes au nom de son cœur. C'est par là qu'elle a refait déjà trois fois le chemin de sa Révolution. Mais dans ce triple calvaire elle est retombée sous les dictatures de Robespierre, Napoléon Ier, Napoléon III.

Ce n'est pas seulement le cours des choses politiques qui aboutit à ce résultat, c'est le cours de tous les systèmes des hommes qui ont osé être les logiciens ultimes du rationalisme. Certes ces hommes sont des esprits faux ; mais leur logique est absolument exacte. Le Moi de Descartes principe d'action de la pensée, le *moi* possédant la faculté de l'*évidence* et jugeant par elle seule de la vérité, ce *moi* conduit au *moi-Dieu*, à l'*homme-Dieu* de Hégel ; il mène à l'*organisme critérium* juge de la vérité de Comte. Par là il enfante logiquement les Sociétés personnelles fatalement où l'égoïsme de chacun finit par nécessiter la dictature de la force.

Or, nous l'avons dit, rien n'empêche la logique d'arriver à ce bout. Qui redresse la logique arrête la logique. Et la logique ne s'arrête pas plus dans l'humanité qu'une aiguille entrée dans les chairs. Cela chemine jusqu'au bout. Cela pique au cœur et tue ou sort du corps. C'est ce que nous voulons, faire sortir du corps l'aiguille, c'est-à-dire les deux constantes, les deux critériums rationalistes et fidéistes de la pensée humaine ! La guérison, la vie sont à ce prix !

Sans répéter ce que nous avons dit, ne l'avez-vous pas vu aux théocraties antiques, à celle du moyen âge ? Ne l'avez-vous pas vu aux dictateurs qui ont fini les efforts rationalistes grecs et romains ? Est-ce que la logique n'a pas été poussée assez loin par l'inquisition des papes et la terreur de Robespierre ? Par les batailles de Napoléon ? Par les tyrannies issues de tous les fidéismes et de tous les rationalismes ? Vous faut-il plus de logique que cela ? N'est-ce pas assez ? N'est-ce pas le bout, cette logique de la Prusse qui recommence le meurtre pour l'intérêt de son

Église, de son État, du moi ? Que vous faut-il de plus pour réfléchir ?

Allez donc dire à l'Église, à l'Angleterre, de ne pas prendre leur intérêt pour critérium ! Allez dire à Attila, à la Prusse de ne pas prendre la force pour critérium ! Allez dire à Robespierre, à Napoléon, à Alexandre, à César, à Tibère, à Caligula, d'oublier leur moi et d'agir par un autre critérium ? Avouez donc que la logique d'un critérium va toujours jusqu'au bout dans l'humanité.

Et l'humanité n'en sort que lorsqu'elle est au plus profond de l'abîme de l'absurde et de l'infâme ! Quand le trop plein est comble, après des siècles longs, épuisants, atroces, elle se redresse ! Elle se retourne vers un autre critérium dans l'espoir d'une nouvelle vie, dans l'ardent besoin d'échapper à cet engrenage infernal de conséquences implacables.

La grandeur de la France est de ne s'être jamais lassée ; de s'être redressée toujours ; d'avoir par là enfanté l'une après l'autre toutes les notions de la méthode jusqu'à la notion scientifique ; de s'être depuis la Révolution relevée tous les vingt ans en criant : Cette expérience fausse a assez duré !

Jusqu'à présent sa persévérance inouïe n'a pu pourtant trouver l'ordre fixe, la liberté vraiment ordonnée. Les critériums fidéistes et rationalistes l'ont troublée et la troublent encore. Voici la science faite du critérium, la méthode impersonnelle ! Elle lui dit ce grand mot : Le droit à l'infaillibilité n'appartient pas à l'homme ; il n'appartient qu'à la science seule, parce que la science est d'essence impersonnelle. Et ce qui lui donne cette qualité d'impersonnelle c'est son critérium impersonnel, le Fait, jusqu'ici inconscient mais que la méthode faite science rend enfin conscient, défini et certain.

CHAPITRE III

Rectification de la Loi de l'Histoire.
Le moyen de salut.

I. — Nous sommes arrivés au moment de fixer comme une certitude définitive, ce que nos différentes analyses nous ont montré comme l'unique moyen de rectifier la marche de l'histoire.

Tout ce qui était hypothétique disparaît. Nous allons être désormais en face de l'indestructibilité du Fait que nous avons cherché. Demain il sera l'axiome universellement admis et pratiqué, servant de base à la vie.

Rappelons-nous ce qui a été dit.

L'histoire a trois constantes. Deux qui ont toujours et ouvertement régné et tout troublé : les méthodes fidéistes et rationalistes.

L'autre la constante secrète, non seulement de l'histoire, mais de la vie, universelle à tout ce qui est, fonctionnant d'elle-même comme fonctionnent les mouvements réflexes et vitaux dans les êtres vivants. C'est le jeu réflexe des facultés de l'intelligence. Si droites sont les actions réflexes matérielles et intellectuelles, que les premières assurent l'existence et le développement des corps ; les secondes le fonctionnement et le développement des pensées dans tous les actes nécessaires à la vie animale et humaine, de l'instinct au génie.

Ceci posé cherchons le moyen de salut.

II. — Les Fois, les rationalismes ont partout établi la guerre, et partout sont arrivés à un même résultat aussi insensé que ridicule : La divinisation de l'homme.

Les fidéismes divinisent un homme *à priori* pour en faire le conducteur du monde. Les rationalismes divinisent la pensée humaine, qui bientôt, n'en pouvant plus, divinise un homme *à postériori,* c'est-à-dire à l'heure de l'épuisement. C'est le dictateur. Et ce dictateur prendra le nom de Dieu, comme la raison humaine qu'il représente. C'est ce qu'ont fait Alexandre et les empereurs romains. C'est là que voulait arriver, au moins moralement, Robespierre, c'est ce qu'auraient fait et feraient les Napoléons s'ils étaient logiques.

Dans tous les cas, qu'ils soient divinisés ou non, tous ces tyrans se font pratiquement Dieu et papes par leur absolutisme.

En face de ce résultat, la persévérance de la France à chercher la méthode libératrice, peut être aujourd'hui couronnée de succès, car désormais le critérium impersonnel est acquis ! Seul il peut l'arracher à cet horrible cercle vicieux entrevu par Vico. Puisque les maux causés par les critériums fidéistes et rationalistes viennent de là qu'ils sont personnels, il n'y a plus qu'à se jeter vers le critérium impersonnel.

C'est le critérium naturel, fatal, nécessaire à toute vie, qui fonctionne dans l'homme, sans qu'il s'en doute. C'est celui à qui il doit toutes les vérités acquises. Ce juge dernier nous l'avons là, scientifique, donc seul réel, seul infaillible.

Que l'homme se débarrasse donc enfin de ceux qui dans les siècles n'ont apporté que troubles à son esprit et à ses sociétés. Méthodes et critériums l'ont plongé au gouffre ; donc qu'il les rejette également. Qu'il se précipite à l'approfondissement de la science de la méthode et du critérium infaillible. Puisque les fausses méthodes fidéiste et rationaliste lui ont causé tant de maux ; la vraie, la méthode scientifique impersonnelle l'en guérira.

Ayez présent tout ce que nous avons dit.

Cette méthode est-ce l'expérience ?

Non. L'expérience est une opération de l'esprit, un simple raisonnement par les faits physiques. Donc si elle est acceptée comme critérium absolu scientifique, on n'a pour critérium qu'un acte de raison, c'est-à-dire qu'on retombe dans les méthodes rationalistes avec tous leurs dangers. Et puis l'expérience n'est qu'un morceau de la méthode, non la méthode générale, puisqu'elle est impuissante à pénétrer les faits numériques, les antinomiques et même une partie des physiques.

Est-ce l'évidence ?

Non. Car l'évidence n'est qu'une opération de la raison, se déclarant satisfaite ! Ce qui nous fait retomber dans les méthodes fidéistes et rationalistes. Car la foi est un acte de satisfaction évidentiste, comme le système. Les méthodes rationalistes et fidéistes auraient donc également droit de reparaître. C'est ce que Bossuet avait bien senti ; c'est pourquoi il était cartésien et fidéiste tout ensemble.

Il y a des aveugles qui affirment : Descartes a tout dit. Oui il a tout dit en rationalisme et je l'ai proclamé ; mais il n'a pas tout dit en méthode. Il n'a donné que le dernier mot d'une des fausses méthodes qui ont fait le malheur de l'humanité et le font encore.

En vain on voudrait attribuer au FAIT la qualité de l'évidence qui n'appartient qu'à l'esprit. Ce qui est évident c'est ce que l'esprit voit clairement. Donc c'est parce que l'esprit voit (ou croit voir !) qu'il y a évidence. L'évidence est à la mesure de l'esprit, non du FAIT. C'est l'acte de l'esprit qui la constitue et pas du tout la qualité de l'objet vu. Un objet, un corps, une œuvre d'art peuvent être facilement visibles et n'être jamais vus. Témoins ces tableaux, chefs-d'œuvre qui sont d'abord tournés en ridicule, puis admirés par tous ; témoins tous ces pays inexplorés par l'homme ; témoins les astres qui sont là dans l'espace à nu, donc par soi capables d'être vus. Le myope ne voit rien où voit le presbyte et réciproquement ; et les objets sont là avec la même visibilité. Donc l'évidence est bien à l'acte de l'esprit, de l'œil, et non à l'objet. Vu ou non, l'objet ne change pas. L'évidence, en un mot, c'est la puissance de voir et l'exercice de cette puissance par l'esprit humain. Or, comme à l'esprit humain s'attachent toutes les causes d'erreur, l'évidence ne présente pas un critérium infaillible, mais au contraire extrêmement faillible, comme il est aisé de le voir à toutes les billevesées qu'elle fait dire. On joue donc sur le mot, quand on veut attribuer la qualité de l'évidence à l'objet.

Du reste Descartes, en partant du *Moi* pensant, ne pouvait admettre comme existant que ce que le *Moi* par sa faculté de voir, c'est-à-dire par son évidence, avait déclaré existant. Il rebâtissait le monde par le moi. Donc c'était bien le moi accomplissant l'acte d'évidence qui était le critérium infaillible de vérité. La philosophie moderne qui a suivi Descartes dans cette voie en a tiré les dernières conséquences, très justes comme logique, très absurdes comme résultante. C'est l'Allemagne surtout qui s'est chargé de cette tâche aveugle. Nos philosophes français ont reculé en général devant l'absurdité, ils ont suspendu la logique avec sagesse. Ils ont dit attendons des faits nouveaux pour conclure. Cela les a fait rester dans une philosophie trop mixte sans doute, mais cela leur a évité les mortelles chutes de tout le vain échaffaudage allemand et de tous les faiseurs de systèmes d'aujourd'hui.

Est-ce la conscience ?
Non. Car la conscience n'est que la raison se prononçant

sur les questions morales, selon le degré de science auquel elle est parvenue. La conscience est proportionnelle à l'état d'ignorance ou de savoir, de système ou de vérité, de vertu ou de vice. Elle n'est donc qu'un acte de raison. Et nous retombons encore dans les méthodes rationalistes.

J'attribue surtout le critérium de la conscience à Voltaire, parce qu'il est l'homme qui l'a le plus fermement posé. C'est à mon sens une explication de son grand renom. Qui donne un critérium est fatalement conducteur, quelle que soit sa modestie. C'est pourquoi l'on a pu dire le siècle de Voltaire. On n'a pas dit le siècle de Rousseau, car Rousseau n'a pas la conscience pour critérium au fond, puisqu'il condamne celui qui abandonne sa religion d'état. Voltaire d'ailleurs ne faisait que continuer Descartes, car la conscience n'est que l'évidence morale.

Je ne prétends certes pas que la conscience n'existe point. Je soutiens qu'elle n'est pas ce que l'on dit, en suivant Descartes et ses idées innées, que son copiste et démarqueur Kant a nommé, pour dépister, les catégories de la raison. Je dis qu'elle n'est pas un sentiment inné de l'absolu du bien et du mal qui parle en nous malgré nous même. Elle n'est qu'une résultante de la science acquise du bien et du mal. Et c'est pourquoi elle varie selon les Fois, les époques, les pays, les civilisations, les peuples, les familles, les individus. C'est pourquoi il semblait si désolant à Pascal que la vérité d'en deçà ne fut pas celle d'au delà.

Analysons avec calme: Cette prétendue science du juste et de l'injuste, préjugé, système ou aperçu vrai, résultat de pondération ou de vertige et de folie, parle en nous, quand nos actes lui sont contraires. C'est la science acquise par nous qui se révolte en nous, contre nous.

Comme d'ailleurs les rapports généraux du juste et de l'injuste sont assez simples, à la façon des rapports numériques, il s'ensuit un certain nombre d'aphorismes moraux qui sont les mêmes dans toutes les religions, dans toutes les philosophies, dans tous les peuples et tous les temps, ou à peu près. C'est ce qui a fait croire indûment à une conscience innée. Le mot de Pascal si douloureux et vrai nous montre, d'accord avec l'histoire, que les variétés de conscience sont cependant nombreuses et terribles.

Ainsi la conscience n'est que la marque de l'état de science du juste auquel nous sommes arrivés. C'est pourquoi le remords est si rare. L'amnistie morale que se donnent les criminels de toute sorte, montre qu'ils ont bien peu le sentiment réel de leur crime. La conscience n'est donc pas la voix absolue du juste.

Cette voix absolue du juste ne se peut trouver que dans la science faite de la justice, par là que toute vérité absolue ne se trouve que dans les sciences faites. Nous espérons la donner très nette, comme nous avons donné les constitutions scientifiques de la méthode et de l'histoire. Nous croirions notre œuvre boiteuse si nous n'avions déjà accompli ce travail. Quand l'homme n'a plus le prestige des Fois il lui faut celui des sciences morales faites, qui est la solidité absolue. Là est le salut. Là est la tâche que nous nous sommes imposée.

Jamais le passé n'a eu cette science. Aussi les Fois les plus élevées, à côté d'aphorismes moraux sublimes, ont-elles fait naître d'épouvantables vices et d'effroyables préjugés.

Construite de vrai et de faux, la conscience a mille voix; donc n'est pas l'infaillible vrai ! Donc elle n'est pas la voix de Dieu dans l'homme. Dieu n'a qu'une voix, celle des lois absolues de la science faite. La conscience reste donc bien la science morale acquise par l'homme, science encore bien imparfaite, et qui l'a toujours été dans toutes les Fois, dans toutes les constitutions, dans tous les systèmes.

Est-ce l'organisme enfin ?

Mais il ne peut correspondre qu'à l'expérience, qu'à la sensation corporelle, qu'à la titillation nerveuse, qu'à l'étude des faits matériels. Dès lors il subit tout ce que nous avons dit pour l'expérience et l'évidence. Il attachera si bien l'homme à la seule matière, que l'art, la science perdront également leur envergure universelle et sublime et se rapetisseront systématiquement et honteusement à la seule sensation. La vie morale, cette hauteur de l'âme humaine, sera niée, remplacée par la trépidation des nerfs et les palpitations des moelles. La responsabilité sera effacée de l'existence abêtie, ravalée à un priapisme universel, qui deviendra l'esprit des mœurs, des arts, des relations sociales. Car nous l'avons vu, la logique va toujours à son comble, à son apogée. Toutes les décadences de l'humanité ont eu cette exaltation déséquilibrée de la matière, libidinisme, priapisme, bacchanale, saturnale, comble de joie et d'anéantissement humains. C'est le point d'arrivée fatal !

Eh ! bien, le monde en est là ! Le cynisme des uns et l'hypocrisie des autres le prouvent également. Tout est mis à jour par les échappées hideuses que la liberté ouvre sur les théocraties papales et les autocraties royales, sur les fidéismes et les rationalismes. On ne peut voir sans épouvante la démoralisation de Berlin, Londres, de l'Italie, de l'Espagne, de tous les pays de fidéisme. On ne peut voir, sans être navré, celle des nations rationalistes..

III. — Dans les maladies à quoi tend souvent le médecin ? A rétablir le libre jeu des mouvements organiques réflexes, altérés par les passions, les systèmes, les mouvements voulus du moi. Un homme a fatigué sa vue à force de travail. Le médecin ordonne de cesser les mouvements voulus, pour laisser se rétablir l'ordre des mouvements réflexes. Un homme a détruit son estomac par la gourmandise. Le médecin prescrit l'abstinence ou la sobriété, pour laisser l'estomac reprendre ses mouvements réflexes et naturels. Que de savants physiologistes, que de médecins croient cette médication sans médicaments supérieure à toute autre en beaucoup de cas. Cela se nomme laisser agir la nature.

Eh! bien, il en est de même pour la direction de l'esprit! Les méthodes fidéistes et rationalistes, méthodes toutes voulues, d'invention humaine, ont entravé, faussé, surmené l'esprit ; il s'agit de rétablir les mouvements naturels et réflexes. Il s'agit de laisser agir la nature, la méthode naturelle, la méthode réflexe, la méthode impersonnelle. Convainquez-vous, chers savants, car en physiologie l'action voulue doit être le simple complément de l'action réflexe et non pas son trouble et son désordre.

La physiologie curative va plus loin. Non seulement elle laisse la nature rétablir les mouvements réflexes, mais elle indique une hygiène savante pour que les mouvements voulus concordent aux mouvements réflexes naturels et y ajoutent leur puissance, de telle sorte que le jeu de l'organisme soit aussi pondéré, aussi développé, aussi parfait que possible !

Ainsi la science de la méthode ne se contente pas de la simple action des faits sur l'esprit et des actions réflexes sous l'impression des faits. Elle donne les lois précises, nettes, pour que toutes les actions voulues de la pensée soient concordantes et corroborantes des actions réflexes. De telle sorte que la pensée ici, comme tout à l'heure l'organisme, agit dans un ordre pondéré, développé au maximum et parfait, en accord complet avec les actions réflexes et avec la nature, c'est-à-dire avec les faits. Quelles sont ces lois ? Ce sont les lois de la certitude.

Si le rationalisme rend l'homme petit et impuissant, parce qu'il est tenté de se croire grand ; si le fidéisme rend l'homme impuissant et petit, parce qu'il l'écrase sous la parole d'un homme, l'impersonnalisme le fait grand et puissant, parce que l'homme devient volontairement petit sous les lois absolues ! C'est ce que nous voyons dans les progrès de la science, qui ne s'opèrent que parce que l'esprit obéit aux faits de la nature pour les pénétrer. Tout progrès humain ne s'accomplit que par de l'humilité, l'humilité devant les faits, devant les lois, qui sont des faits d'ordre supérieur.

Ce sera là la rectification de la loi de l'histoire par la rectification de la loi du critérium et de la pensée humaine. Toutes deux s'opèrent par la science de la méthode impersonnelle, comme par la méthode naturelle et réflexe dont elle n'est que le complément scientifique. Voilà le grand et l'humble médecin de l'esprit. Humble parce qu'il demande sa force à qui la détient : les faits, les lois ; grand parce qu'il arrive à des résultats de solidité inconnus jusqu'ici !

Vous en comprenez l'effet sans que je répète ce que j'ai déjà dit : L'esprit assagi par la méthode impersonnelle a toujours pour objectif (même inconsciemment par habitude prise) d'arriver à une loi de science et de s'appuyer sur elle.

Être arrivé à une loi de science, c'est être parvenu à l'unité des pensées humaines.

Dès là nous voyons nettement que les codes humains, les constitutions, les sociétés devront prendre une ordonnance inconnue jusqu'ici, et qui assure enfin la permanence de la liberté, la continuité du progrès sans secousses sensibles, car, tout procédant par voie scientifique, tout s'opérera comme la science elle-même, c'est-à-dire par la force des choses et des situations qu'elle crée. Il n'a pas fallu des révolutions pour installer les chemins de fer. Ils s'établissent avec plus ou moins de lenteur, selon l'instruction des peuples, mais on les voit partout gagner du terrain. Ce peut-être là l'image des progrès de l'avenir, qui paraissent aujourd'hui le plus opposés à nos préjugés, à nos mœurs. Le progrès dans la paix ne se fait que par la science. Il se fera en tout par la méthode science faite et par le critérium impersonnel.

Le droit à l'infaillibilité n'appartient pas à l'homme, donc pas aux méthodes fidéistes et rationalistes quelles qu'elles soient. Il n'appartient qu'à la science faite, parce que seule la science est d'essence impersonnelle.

La science seule a donc droit de conduire les sociétés et les consciences sous la direction de la science faite de la méthode, qui seule donne les lois de la certitude.

La science faite de la méthode, en donnant le critérium infaillible et universel aux trois ordres du savoir, en assure l'équilibre stable et donne la possibilité de l'établir dans les sociétés, comme nous allons le voir.

Ici contentons-nous d'affirmer que la science seule et non plus les fidéismes et les rationalismes a le droit de conduire les consciences et les sociétés.

✣

CHAPITRE IV

L'état stable par l'accomplissement de la Loi de l'Histoire.

Recueillons-nous ! Une joie immense déborde du cœur : L'accomplissement de la loi de l'histoire est la résultante d'une loi. Quelle ? Celle même de la méthode constituée en science ! Quelle assurance de sécurité ! Quelle garantie de certitude !

Oui, la loi de l'histoire se développe dans le temps en suivant la notion de la méthode, la loi de certitude à laquelle obéit la vie de la terre et des êtres et la vie même de la science.

Une loi de tendance fait aboutir les déséquilibrations chimiques et physiques à l'état dit stable et définitif. Nous nous trouvons ici dans une situation analogue. La loi qui préside au développement de l'histoire aboutit à la science faite de la méthode et à l'ensemble des sciences faites. Or, la science est l'équilibre stable succédant aux déséquilibrations des Fois et des systèmes. Donc l'histoire qui en suit la marche et la subit doit arriver à l'état stable par là même.

Pour parvenir à ce point, qui sera la rectification de la loi de l'histoire et son exercice enfin régulier et ordonné, reportons-nous à l'examen des trois constantes déjà observées.

Les critériums des diverses fois, des divers rationalismes ont fatalement déterminé les oscillations continuelles de l'humanité, donc les déséquilibrations historiques.

Mais le troisième critérium, le critérium impersonnel, appui de toute certitude et sur lequel la vie de la nature, la vie de l'animal et de l'homme, la vie même de la science sont basées, nous est apparu tout puissant régulateur. Il forme la grande constante secrète de la vie et de l'histoire par son action, fatale puisqu'elle est réflexe, et soustraite en grande partie à la volonté.

Si la science de la méthode est définitive, son critérium impersonnel définitif, cette constante absorbera les deux autres ; c'est-à-dire qu'il n'existera plus qu'une constante, et que par là la loi des déséquilibrations historiques cessera. Elle passera de l'état instable à l'état d'équilibre stable. Vous savez bien tous que c'est l'état d'une science faite.

Cette loi, qui s'observe dans les sciences physico-chimiques, est aussi celle des constantes de l'histoire. Donc l'instabilité des équilibres historiques tend, avec la notion de la méthode, à disparaître, et sera remplacée par l'état stable du critérium impersonnel et infaillible et des états sociaux correspondants.

Cette instabilité des équilibres de l'histoire a pour cause la contradiction et la lutte des critériums fidéistes et rationalistes. Elle a pour cause la diversité indéfinie des Fois ayant chacune un chef infaillible, soit théocratique, soit autocratique, c'est-à-dire clérical ou royal. Elle a pour cause aussi la multiplicité indéfinie des doctrines individuelles, ayant chacune un systématiseur, rationaliste spécial, individu ou école.

Mais voilà le critérium scientifique et réellement impersonnel découvert ! Immédiatement toute cette vie artificielle et désolante des isolements, des déséquilibrations historiques et doctrinales cesse d'elle-même par la fusion des critériums fidéistes et rationalistes dans le critérium impersonnel.

L'état stable de la constante unique causé par la science faite s'établit. Et comme il dirige la vie de la nature et des êtres, il dirige les sociétés, les ordres sociaux, puisqu'il dirige les sciences qui font tout vivre en ordre. Et ainsi les événements de l'histoire arrivent à un état de progrès suivi, qui est l'état stable par la loi de la méthode science faite.

Toute l'énergie vitale des esprits et des civilisations est dans leur critérium ; nous l'avons souvent et longuement prouvé. Le critérium détermine les différents engrenages de fatalité qui forment les constantes de l'histoire ! Or, le critérium scientifique détermine l'état stable de la science ; donc un état stable de l'esprit humain ; donc un état stable social ; donc un état stable dans la marche de l'histoire et celle du progrès.

L'histoire suit la même loi que la science. Si elle a été instable, c'est que la science l'a été ; c'est que la science de la méthode l'a été.

L'esprit aspire à l'équilibre stable par la science ; il y arrive par la méthode science faite. La vie humaine, et par conséquent l'histoire, qui est la vie de l'humanité, participent donc nécessairement à cette loi.

Voilà où nous allons, malgré les brouillards qu'élèvent autour de nous les sectaires de toutes les Fois, les systématiques de tous les rationalismes, malgré les entraves que dans le sein des sociétés entassent les intérêts hostiles et pervers !

Ainsi l'histoire aura parcouru son cycle d'évolution ! La loi de l'histoire sera accomplie ! La loi de transformation évolutive des sociétés en sera la conséquence.

Là seulement sont la pondération et l'ordre.

Il y a aujourd'hui des faiseurs de sectes qui se croient pondérés parce qu'ils tâchent d'unir les vieilles faussetés des Fois avec les progrès solides de notre âge. Ils défigurent le Jésus de l'évangile, de saint Augustin, des élus, de l'enfer éternel, en en faisant un bon petit prêcheur d'innocentes moralités, en le demandant aux songes de la Kabbale et de l'ésotérisme.

Chers amis, on n'est pondéré qu'en étant dans la science et dans ses lois. Vos prétendues pondérations tout extérieures et de politique, ne sont que des vertiges débridés dans les rêves fous du passé. Votre pauvre petit sentiment a nom aveuglement. Vos compromis que vous croyez prudents sont la mort de la prudence, étant la mort de la science.

Prenez la pondération des lois de la méthode et de la science, là seulement est l'équilibre. Si vous ne le comprenez pas c'est que vous n'avez pas des esprits d'homme, mais d'enfants suivant des rêves de vieilles femmes.

Il y en a qui croient avoir compris les lois de la méthode

impersonnelle en l'assimilant à la méthode expérimentale, parce que le Fait est le critérium universel. Ils peuvent voir à la quatrième partie de cet écrit, ou au beau livre de mon cher disciple Jean Paul Clarens, s'ils ne veulent pas méditer l'*Ultimum Organum,* la *Méthode Générale,* le *Point de Départ de la Pensée,* qu'ils n'ont pas pénétré la loi du critérium impersonnel, et que par conséquent leur critique porte à faux.

Hors de la méthode de l'impersonnalisme, il n'est pas, il ne peut exister de pondération ; tout est déséquilibration. Là seulement est l'état stable. La raison en est qu'il n'y a d'état stable que dans la science et jamais dans les fidéismes et leurs sectes, dans les rationalismes et leurs systèmes.

Le droit d'infaillibilité n'appartenant plus qu'à la science faite et au critérium impersonnel, nous sommes bien certains d'obtenir la direction ordonnée des consciences et des sociétés, puisque les lois des sciences sont l'ordre même.

Si l'on vient encore nous parler de médiateurs fidéistes à adjoindre à la science faite pour la compléter, nous devons répondre que loin de compléter ils désorganiseraient ; car ils nous jetteraient dans les vieux désordres rationalistes et fidéistes. On ne complète pas la science faite. Elle se tient seule par ses lois qui sont absolues.

De plus la science faite de la méthode donne le médiateur scientifique certain de soi, certifiant tout ce qu'il touche par l'absolu des lois. Qu'avons-nous donc besoin des médiateurs humains qu'on veut diviniser ? Cette superfétation est au moins inutile. Mais elle est plus encore, elle est dangereuse, puisque nous avons le médiateur scientifique des lois seules divines, seules étant vraiment et absolument certaines.

Constituer définitivement les sciences morales comme les sciences physiques, voilà donc l'œuvre qui reste à faire.

Nous y avons donné notre vie et nous espérons ne pas mourir avant que toute l'œuvre soit accomplie. Nous avons donné la constitution scientifique de la méthode ; nous donnons aujourd'hui celle de l'histoire ; au mois d'avril nous donnerons celle de la religion ; au mois de novembre celle de la justice-morale.

Tout ce qui est science faite prend valeur d'axiome. C'est cette suite d'axiomes reçus par tous, puisqu'ils sont lois de science faite, qui conduira, ordonnera les consciences et les sociétés de l'avenir.

L'état stable c'est le règne des sciences faites. Il sera ! Il peut commencer dès demain dans l'éducation par la méthode impersonnelle.

Je ne suis novateur que par la science faite, c'est-à-dire sans nul danger d'aucune sorte pour l'humanité, car le progrès par la science n'est pas révolution, mais évolution réfléchie, méditée, voulue, consentie par tous, par là que toute loi scientifique est bien sûre de s'imposer sans violence à la totalité humaine. Nous le voyons tous les jours sous nos yeux. Et le vol des progrès scientifiques s'avance rapide d'un bout du monde à l'autre. L'on doit donc espérer que, la mère des sciences, la méthode, étant enseignée, le progrès universel s'accomplira avec autant de promptitude que de pondération.

L'état stable viendra plus vite que nos divisions actuelles ne peuvent le faire penser.

CHAPITRE V

Loi de transformation évolutive des civilisations qui pourront ne plus périr.

I. — Le droit à l'infaillibilité, voilà donc ce que les hommes ont passé toute l'histoire à s'arracher ! Car c'est par ce droit qu'on commande, qu'on exploite, qu'on jouit. Tant il est vrai que l'idée, la méthode et le critérium dominent toute la vie humaine.

Être le critérium des hommes, c'est la joie de l'orgueil, comme jouir est la joie du corps ! Le droit de la force, qu'il soit au pouvoir du prêtre, des rois, des grands, des individus, c'est toujours le droit d'être critérium infaillible, dominateur !

Ce que ces mots abstraits cachent de douleurs et de crimes, l'*Épopée Humaine* et l'*Histoire Universelle* nous en ont donné un bien faible aperçu ! Car jamais l'homme ne saura ce que l'homme a souffert !

L'homme sait mieux ce que l'homme a commis de crimes pour arriver à cette apogée : Être un critérium absolu ! L'histoire des prêtres, des rois, des grands, est là, en partie du moins, et cette partie fait deviner le reste ! Ce qu'il est mort d'hommes pour ce mot : critérium infaillible, est l'incalculable ! Ce qu'ont souffert pour lui ceux qui ont survécu, est l'inimaginable !

Et tout cela, songez-y, quand nul homme au monde, quand rien de l'homme n'a droit d'être critérium ! Ce passé est-il plus absurde que navrant ? Impossible de choisir ! O esprit humain, ô histoire, réfugiez-vous dans le critérium impersonnel ! O France, n'hésite pas à le proclamer.

II. — Ce n'est pas ici seulement le salut de la France et de la civilisation, c'est la *loi de transformation évolutive des civilisations.*

Ce qui les a fait périr jusqu'ici, c'est l'épuisement de leurs critériums dits infaillibles. Au bout de leur méthode, elles sont tombées ! C'était fatal !

Avec le critérium vrai, infaillible, scientifique, les civilisations pourront se transformer sans grands cataclysmes, comme la science elle-même. Les Fois, les systèmes meurent, vous les avez vus, vous les voyez s'effondrer sous vos yeux. La science vit toujours, croît toujours en évoluant sur elle-même, en se parfaisant elle-même, en reconnaissant elle-même ses erreurs, et les changeant pour des vérités. Ainsi feront les nations par la science de la méthode et du critérium. L'équilibre du progrès est trouvé. Les deux constantes humaines de l'histoire se changeront en la troisième constante, la naturelle, la divine. Les fidéismes, les rationalismes se fondront dans l'impersonnalisme.

Ce sera la transformation des sociétés de foi en sociétés de science. C'est le but suprême de l'humanité enfin atteint. Au moins c'en est le principe. Les conséquences suivront peu à peu d'elles-mêmes.

Que l'on comprenne en les synthétisant à ce point de vue (comme nous l'avons fait déjà à d'autres), les vérités acquises dans nos écrits.

De toute notre histoire universelle et des courts rappels que nous en avons faits dans le courant, que devons-nous relever ?

1° La main des Aryas purs ou mêlés se retrouve dans toutes les civilisations, même dans celles qui jusqu'à ce jour en ont paru absolument indépendantes. Tels sont les peuples dits sémites, nom qui ne rend compte de rien.

2° Au grand courant antique des Aryas a succédé le

courant Arya moderne, qui se résume dans la France parce qu'elle a eu la direction méthodique.

3° On voit son influence quand on pèse que c'est elle seule qui a fait l'Europe, repoussé les invasions du sud et du nord, confiné tous les peuples dans leurs territoires. Mère de l'Europe, elle lui a donné sa pondération par l'ordre, la méthode, l'esprit de justice de son idéal salique. Elle a tout organisé jusqu'à Abeylar et à la première renaissance.

4° Par Abeylar elle a donné la méthode et l'idée religieuse qui a permis de lutter contre la théocratie et qui a créé la seconde renaissance. Le Jésus juge terrible est devenu peu à peu le Paraclet.

5° Par la réforme des Vaudois et des Albigeois, elle a donné le type de la réforme qui aboutira à la réformation de Fabri, Lefebvre, imité par Luther et dont la philosophie sera faite par Calvin.

6° Par Rabelais elle a donné la première philosophie de l'expérience qui a instruit l'Europe et que Bacon a continuée. Par la méthode de Descartes elle a conduit et conduit encore tout l'esprit humain.

7° Par Philippe-le-Bel, Henri IV et Richelieu elle a rationalisé la politique européenne. Par la Révolution elle a tout entraîné vers un progrès à définir, à ordonner, mais dont les premiers axiomes sont posés.

8° Par la méthode impersonnelle enfin elle ordonnera et définira tous ces progrès et conduira le monde jusqu'à la fin des temps. Car la méthode impersonnelle est non plus un ensemble plus ou moins sage de recommandations et d'aphorismes, elle est une science faite, la science définitive de la méthode, la science du seul critérium scientifique et certain, parce qu'il est impersonnel comme la science elle-même.

Nous avons fait la preuve de toutes ces vérités.

Ainsi du fond des temps les Aryas ont fondé les civilisations. Par quoi ? Par la force ? Non. Par l'esprit de méthode et l'esprit de justice, qu'on peut appeler l'esprit du divin !

Les autres races ont la force aussi. Elles ont passé comme des torrents, n'ont rien fondé et partout ont fait des ruines. La force ne vit pas par elle-même. Elle peut seulement faire illusion par des semblants de justice et de méthode, comme en ont les rationalismes et les fidéismes.

Tous les peuples Aryas qui ont perdu l'esprit de justice, et perdu l'esprit de méthode, en se cantonnant dans les fidéismes et les rationalismes, sont tombés, quelque grande que fut leur puissance ! Toujours il en sera ainsi partout, en tous les temps ! Justice et méthode sont l'esprit de vie ! Force n'en est que l'extériorité souvent artificielle.

Nous l'avons vu, les méthodes antiques sont éprouvées par des siècles d'expériences sans cesse renouvelées. Toutes elles ont abouti à des cataclysmes ! Et l'humanité s'y aheurterait encore ! Le peut-elle sans absurdité et sans folie ?

Il reste démontré que ces méthodes étaient sans valeur réelle. Elles ont été bonnes durant un temps ; les fidéismes pour simuler l'ordre ; les rationalismes pour stimuler la liberté. Elles sont restées impuissantes à faire réellement la liberté et réellement l'ordre !

Pourquoi ? C'est que chacune d'elles n'a saisi qu'un côté du problème méthodique : le fidéisme l'ordre quand même ; le rationalisme la liberté quand même. C'était et c'est encore la bataille ! Et toujours la bataille durera !

Que fallait-il ? Trouver la notion méthodique qui fît l'unité de l'ordre et de la liberté. Ce problème est résolu. La méthode de l'impersonnalisme est là.

On peut s'en convaincre à la méditation de ce qui se passe dans la science. La science consiste à aller trouver les faits dans toutes les branches de la connaissance, qui se résument dans les trois ordres du savoir physique, numérique et antinomique. En trouvant les faits elle trouve les Lois, qui ne sont que des faits supérieurs. La science donc qui, libre, fait l'esprit libre par les Faits, fait également l'ordre par les Faits. Le fait scientifique est donc à la fois le principe de la liberté et de l'ordre.

Or, la méthode impersonnelle a le Fait pour critérium absolu, seul infaillible ! Elle a donc pour principe moteur et directeur de l'esprit humain, le principe même de la science de la liberté et de l'ordre. L'unification de la liberté et de l'ordre est donc la conséquence pratique, suprême et nécessaire de la méthode de l'impersonnalisme.

Elle contient donc la loi de transformation évolutive des sociétés, qui pourront par elle se modifier, en montant toujours, sans périr.

Évolution pacifique et progressive des civilisations sur elles-mêmes sans cataclysmes causant la mort, voilà le résultat de la méthode devenue science et équilibrant le total des sciences. Et cela devient une loi puisque le développement des sociétés devient la conséquence du développement de la science.

III. — S'il y a des esprits qui doutent que la méthode impersonnelle apporte un si grand changement dans les sociétés et dans les consciences, c'est qu'ils n'ont pas pénétré l'essence de la méthode, la qualité des critériums et celle qu'ils passent à l'homme, au peuple qui les adoptent. Qu'on le voie par ces quelques mots :

Les critériums personnels à l'homme exaltent son infatuation d'esprit, la violence de ses intérêts individuels et de ses passions.

Que fait la méthode-science ? Elle implante l'impersonnalité dans le cœur et dans l'esprit, en donnant le critérium impersonnel. Dès lors au lieu d'exalter le moi par l'infatuation d'esprit, la violence des intérêts et des passions,

« elle assagit tout, puisque tout se soumet au juge impersonnel et absolu.

C'est bien la saute du vent ; c'est bien un nouveau monde qui éclot ; c'est bien la possibilité de changer les sociétés de Foi en sociétés de sciences.

Que celui qui ne le voit pas, médite davantage et il pénétrera. Il verra que poser le critérium impersonnel, demander l'impersonnalité dès la base, dès le choix du critérium, c'est demander la vertu pour arriver à la vérité.

Les Fois imposaient ce processus, mais leur prétendue vertu n'était qu'une soumission passive à un système artificiel, qui était toujours faux malgré quelques bribes de vérité.

La méthode impersonnelle le demandant au nom de la science faite et de ses lois absolues, pose l'humanité dans la liberté par les lois de certitude, qui sont les sciences faites et fait de la vertu le moyen du progrès.

Tous ces jeunes rêveurs, qui se lèvent aujourd'hui, veulent faire un idéal nouveau, un monde nouveau avec toutes les anciennes rêveries de l'humanité. Ils se croient une renaissance. Mais ces rêves du passé furent ceux de l'enfance de l'homme. Amis, vous tombez en enfance. Vous êtes les derniers accents des *Mois* et des *Fois,* qui vont expirer sous la science faite et sous la science impersonnelle. Qu'ont fait du monde vos vieux idéaux ? La misère, la décadence, la mort !

Pourquoi refusez-vous la science ? Parce que vous croyez qu'elle ne parle qu'à l'esprit et non au sentiment. Vous vous méprenez. Pour sentir il faut connaître. La science c'est la connaissance parfaite, donc elle donnera le sentiment parfait.

Vous demandez le bien pour arriver au vrai. Ne voyez-vous donc pas que c'est la première exigence de la méthode impersonnelle. Demander l'impersonnalité à l'homme, c'est lui demander la vertu nécessaire pour arriver à la vérité ; car c'est le mépris du moi, c'est l'humilité devant les lois de l'absolu. La méthode pousse l'homme à la vertu comme à la vérité, comme à la plénitude parfaite du sentiment du divin, puisqu'elle le pousse à connaître tout par les lois absolues. Vos rêves ne vaincront jamais ces solidités. Je vous attends, avec tout l'amour que je porte à tous. Vous y viendrez. Et ce n'est pas à moi que vous viendrez. Je ne parle pas en mon nom, mais au nom de la science faite. Vous viendrez à la science. C'est le but naturel et divin de l'esprit. Le monde ne peut pas n'y pas venir.

※

CHAPITRE VI

A quel état social allons-nous donc ?

Renan dans son scepticisme un peu enfantin et très démoralisateur montrait une bien courte vue.

Perdant un jour sa quiétude de satisfait, il disait avec mélancolie : « Je ne sais où nous allons. » Son esprit resté théocratique, malgré son incrédulité, aurait volontiers créé un mandarinat conducteur des choses et des hommes.

Mais voyez la Chine. *Aristoi* laisse toujours hommes, les meilleurs hommes. Ce n'est pas à l'homme qu'il appartient de diriger, puisque l'homme ne peut avoir l'infaillibilité.

Les lois de science seules ont droit de conduire ; et l'homme, comme le juge de nos tribunaux, n'a qu'un droit : les appliquer. C'est la loi de la méthode et le critérium impersonnel qui ont seuls puissance de nous mener parce qu'en eux seuls sont les lois de la certitude. Ainsi nous allons au progrès étant dirigés par les lois des sciences faites. Autrement nous allons au caprice des hommes, rois, prêtres ou individus.

Aujourd'hui l'esprit désemparé semble se jeter dans l'avenir comme dans le hasard. Et pourtant, sans s'en douter, l'esprit, comme je l'ai dit, aspire à l'état stable par la science. Il a maintenant le moyen d'y arriver : la méthode science faite, la méthode et le critérium impersonnels. Il y arrivera !

Oui voilà où nous allons encore un coup. Mais si l'esprit va vers ce grand but, quelles conséquences ne vont pas en résulter pour les sociétés, outre celle que nous venons de voir ?

Si les sociétés peuvent ne pas périr, elles vont s'organiser en conséquence.

A quel état social va donc le monde ? Chers hommes écoutez la logique expresse : Il va par l'unité du critérium et de la méthode impersonnelle et scientifique, il va à l'unité par la science ; il va à l'unité par la religion de la science ; il va à l'unification des peuples et des nationalités dans une fédération universelle des intérêts ; il va à une union inconnue dans le passé ; il va à ce grand vieux rêve issu depuis si longtemps du cœur de la France et qu'il y a trente-cinq ans déjà nous rêvions avec elle. Mais ce rêve n'est plus un rêve ; il est une précision scientifique que la guerre ne peut accomplir, ni la conquête, ni les empires, ni les Fois, ni les rationalismes, et que peuvent, que doivent fatalement déterminer dans un temps plus ou moins long, l'unité de la méthode faite science, l'unité des trois ordres de la science.

Le monde va, chers hommes, à l'unité de l'humanité dans et par la paix.

Quand ? Quand la méthode science sera par tous les peuples enseignée et pratiquée. Pas avant ; pas par d'autres moyens ; car c'est la seule base de concorde, de paix et d'amour.

Or j'ai démontré que, par la loi de l'histoire, par la puissance qu'a l'homme de choisir son critérium infaillible, par la loi de la méthode, l'homme est le maître de l'avenir. Donc il peut préparer dès demain cet avenir de concorde et de paix par le seul enseignement de la méthode impersonnelle.

Mais hélas ! combien de temps mettra-t-il à le réaliser ? J'en frémis en y pensant. Les aheurtements dans les Fois, dans les nationalités, dans les royautés conquérantes, dans les haines de peuple à peuple vont entraver cet idéal de paix et de concorde.

Cependant, je ne puis m'empêcher de l'espérer, ce temps sera moins long que je ne le redoute, car c'est la science faite qui est chargée de le réaliser. Et la science faite est une électricité qui traverse rapidement le monde. En tous cas le siècle qui va s'ouvrir verra cet idéal se fixer dans les esprits au nom de la science de la méthode. Et dès qu'un idéal est bien précisé, dès que l'homme se sent le moyen de le mettre en œuvre (il l'a par la méthode science), cet idéal fait un chemin rapide.

Oui, méditons : Il faut que les peuples n'aient plus les guerres inspirées par les rationalismes et les fidéismes, mais il faut aussi qu'ils n'aient plus les guerres économiques qui viennent des concurrences de peuple à peuple. Il faut donc que la fédération forme un tel lien entre nations que ce ne soit plus qu'une nation, tant l'unité des lois de justice inspirera tous les divers états.

Le critérium impersonnel est l'aiguille aimantée de la boussole qui montre ce chemin de l'avenir.

Demain ! Demain ! Qui te verra ? Nos fils ? Hélas ! — Nos petits-fils ? Ils t'aimeront ! — Nos arrière-neveux ? Ils s'embrasseront dans cette paix la plus grande possible entre les hommes !

Mais que vos douleurs, que vos désirs, que vos passions ne vous le fassent pas oublier, chers hommes amis et ennemis, rien de cet avenir ne s'accomplira par les conquêtes, par les révolutions, par les excommunications.

Les conquêtes ! Où mèneraient-elles ? Aux bas empires ! Les Révolutions ! Que feraient-elles ? Vivre le rationalisme individualiste, le disperseur ! Les excommunications ! Quel résultat auraient-elles ? Séparer les hommes entre eux !

O méthode impersonnelle, science vraiment sauveuse, et vous toutes, sciences, les libératrices, venez à nous ! Et vous, chers jeunes gens, sachez qu'il y a plus de paix, plus d'assurance de bienfaits pour l'humanité dans la plus petite loi de science, que dans mille rêves dorés, que dans cent œuvres d'art, et que l'art ne doit être que le vêtement de la science, la splendeur du vrai et du bien.

⚜

CHAPITRE VII

La difficulté du présent.

Mais la difficulté du présent est formidable !

Nous avons étudié l'acculement de l'Europe et du monde dans ses méthodes antiques des fidéismes papaux et impériaux et des rationalismes individualistes.

A qui restera la victoire dans le hasard qui se prépare, qui est déjà plus que décidé, commencé par les hommes des fidéismes ? Oui, commencé par l'Angleterre. Gladstone est vieux. — Il se presse.

Les rationalismes ne présentent que des systèmes individuels et factices. Est-ce avec cela qu'on peut vaincre la concentration de la force qui se fait toujours plus grande dans les moments où les rationalismes montrent leur impuissance ? Non. Il a fallu l'*impersonnalisme du cœur* de la Révolution pour vaincre. L'aurons-nous encore aussi ardent ?

La noble guerre de la liberté a donc de terribles chances de tomber sous les fidéismes papaux et impériaux, si elle ne met pas en œuvre, si elle n'enseigne pas aux jeunes générations la méthode impersonnelle, qui unit l'ordre et la liberté, au lieu d'enseigner les débilitantes méthodes rationalistes et fidéistes.

Si ce changement ne se fait pas rapidement, car le temps presse, la liberté est morte pour des siècles peut-être ! Et la mort de l'Europe, plongée sous quelque ignoble bas empire, suivra la mort de la liberté ! L'Asie pourra reverser de nouveau ses bataillons barbares sur cette Europe toujours impuissante à réellement se civiliser, à s'ordonner.

Si au contraire la méthode, le critérium impersonnel inspirent les esprits, au lieu du rationalisme et de l'individualisme, l'ordre et la liberté vaincront tout ! Mais la victoire est à ce prix !

Là seulement est le salut de la civilisation européenne, de la France et je dirai de la science !

Ce qui met la France dans le péril immense qui la menace et qu'elle doit regarder en face, c'est qu'elle est le rationalisme et la justice. Elle est aujourd'hui ce que son idéal salique lui a dit d'être. L'Idéal est atteint ! Elle l'a accompli avec une tenacité, une suite de volonté forte comme un instinct, et que nul peuple n'a eu autant qu'elle en aucun temps de l'histoire !

Eh ! bien, où cela la mène-t-il ? Des deux termes de ce programme l'un est toujours absolument vivant : la justice ;

l'autre est absolument épuisé : le rationalisme. Que faut-il donc ?

Il faut que la justice vive et que le rationalisme disparaisse ! Il faut donc pour que la justice vive, que l'antique rationalisme français soit changé en impersonnalisme méthodique, qui seul fera vraiment vivre la justice !

Si cette conversion ne se fait pas, la France meurt dans les dissensions de l'individualisme rationaliste ! Hélas ! ne le voyons-nous pas ? Nos ennemis le savent. Français, ce sera là la vraie cause de la mort de la France !

Si elle ne se suicide pas elle-même par là, ses ennemis quels qu'ils soient ne la tueront pas plus aujourd'hui que par le passé. Elle a toujours fini par les vaincre, malgré les plus cruelles péripéties. Elle les vaincra encore si elle fait la grande conversion d'esprit et d'âme nécessaire à l'accomplissement de l'œuvre de l'avenir : l'impersonnalisme méthodique remplaçant les fidéismes et les rationalismes !

Ma France, je fais appel à ton cœur ! Il sait, lui, ce que c'est que d'être impersonnel ! La nuit du 4 Août, la Fédération, les services, les encouragements, la vie et le salut donnés à tous les peuples, se lèvent du fond de ton histoire et crient : La France sera par excellence le peuple de l'impersonnalité !

Une chose me laisse stupéfait et, le dirai-je, indigné : Le monde entier sait, dit, répète que la France est le grand peuple généreux, qu'elle représente les idées de justice et qu'elle seule les représente ! Comment les hommes qui dans toutes les nations sont profondément épris de justice ne se font-ils pas Français ? La justice est au dessus de la patrie, parce qu'elle est au dessus de l'homme ! Qui aime vraiment le juste sait cela, sent cela ! Est-il donc si peu d'hommes qui aiment réellement la justice ? Je vous appelle tous vous qui la portez dans le cœur, où que vous soyez. Venez donc nous aider à accomplir la grande tâche du salut humain !

Pour moi, je le déclare, si je voyais une race qui eut plus profondément que la France l'idéal de la justice, plus de courage, d'intelligence pour le mettre en œuvre, je lui demanderais la naturalisation. Mais quand je regarde tous les peuples, mon cœur se soulève de dégoût devant leur égoïsme, se serre et se navre devant leur mépris du juste et je vois que la France seule, malgré ses fautes et ses vices, garde le dépôt sacré du critérium des Aryas purs. Oh ! beaucoup, pour le mettre en œuvre, y mêlant leurs passions, se jettent dans des rêves insensés, coupables, démoralisateurs, destructeurs de la liberté et de l'ordre nécessaire aux nations ! Mais le for du cœur Arya, la justice, se retrouve là à un moment donné même chez les vicieux qu'on en croyait incapables. Et je reste Français et j'appelle les hommes du juste à soutenir la France.

Un seul exemple. Partout où la France passe elle fait le bien. Certes, je condamne les conquêtes de Napoléon, contradictoires à l'esprit de notre nation. Mais enfin, les Français ont pendant cinq ans possédé les provinces Illyriennes. Qu'en disent eux-mêmes les historiens autrichiens ? « Les Français n'ont pas gouverné par la force mais par l'exemple de la justice », et ajoutons des bienfaits civilisateurs. Ils ont organisé l'instruction, détruit le brigandage (effroyable !), proclamé la liberté du commerce, aboli le servage, tracé des routes superbes, élevé des hôpitaux magnifiques ; tout cela en si peu d'années et dans des jours si troublés !

Lorsque l'empereur d'Autriche rentra dans ces provinces il ne les reconnaissait plus et s'écria : « Nous avons eu tort de les chasser sitôt, ils nous auraient fait de belles choses. » C'est un dicton courant dans ces provinces : « Ah ! tout était doux et juste du temps des Français, ce n'est pas comme sous les Allemands. » Ces pays vivent de la France encore aujourd'hui.

C'est la France partout, même représentée par les caractères douteux, car ce fut Marmont qui présida à ces œuvres. Qu'était l'Inde avec Dupleix ? Amie et heureuse. Qu'est-elle avec les Anglais ?

Venez donc à nous, amants de la justice. C'est une œuvre de paix. Ne craignez pas ; on ne vous fera pas porter les armes contre votre ancienne patrie à moins qu'elle n'attaque. Et si elle attaque la justice, elle n'est plus la patrie de l'homme de justice !

CHAPITRE VIII

Mission de la France.

I. — Guizot a dit ce mot très vrai : « Je crois qu'on peut sans flatterie affirmer que la France a été le foyer et le centre de la civilisation de l'Europe. » Cette parole doit être le guide de tous les historiens, surtout des nôtres. C'est un malheur pour notre histoire et pour la validité de leurs œuvres, que Michelet et Henry Martin ne l'aient pas comprise. Préoccupés de rapporter tout au Gaulois et à la Révolution, ils n'ont vu l'âme de la France que dans ce grand acte. Ils ont faussé l'histoire pour justifier cette théorie. Ils ont enlevé à la France son âge héroïque et chevaleresque, sans voir qu'ils le donnaient (mensongèrement) à nos ennemis.

Mais si l'âme de la France est dans la Révolution, ce qui est profondément vrai, c'est que la France avait cette âme avant la Révolution. Et depuis quand ? Depuis sa naissance. D'où venait-elle ? De l'idéal salique, c'est-à-dire de la race même de nos vrais pères, les Francks.

Cette âme c'est l'esprit méthodique du rationalisme. Il est vieux comme la France. Le fera-t-on remonter à Descartes ? Mais Descartes est la résultante de tout notre passé rationaliste. A Rabelais ? Rabelais est la résultante du rationalisme secret du moyen âge. A Abeylar ? Abeylar est la résultante du rationalisme qui a travaillé par Charlemagne, les chevaliers du peuple, par les artistes peintres, les poètes et les francs-maçons. A Charlemagne ? Charlemagne n'est que la résultante du salique idéal vieux comme la race : Chercher la clef de la science et la justice par sa raison.

Là il faut s'arrêter car nous ne trouverions plus en face des Francks que les restes des Gaulois disparus dans les latins, les Burgondes les Goths et les Grecs. Et si l'on voulait leur demander leur idéal, ces quelques rares Gaulois n'auraient parlé que du druide et du prêtre, car leur idéal tout théocratique est en absolue opposition avec le rationaliste, qui est l'âme de la France. Voyez la noblesse au xviiie siècle elle est pour Voltaire. L'idéal que suit la noblesse de nos jours est artificiel. Il n'y a au fond qu'une demande de secours au principe d'autorité qu'enferme la théocratie. La féodalité était le rationalisme de chaque grand dressé contre le roi.

Le mot de Guizot est donc le guide sûr. A la condition toutefois que l'on en pénètre la cause, comme nous le faisons. Guizot ne la donne pas. L'explication qu'il présente est superficielle et sans portée. Ce n'est pas seulement parce que la clarté, la sociabilité, la sympathie sont le caractère propre de la France, qu'elle marche à la tête de la civilisation européenne. Ce sont là les qualités extérieures surgissant de profondeurs. La clarté provient de l'esprit de méthode, la sociabilité, la sympathie, de l'esprit de justice. Ce que l'on a nommé le bon sens de la France, c'est l'esprit méthodique.

La cause vraiment impulsive est donc que la France est le pays de la notion de la méthode. Et cela est si vrai que d'elle sont parties successivement toutes les philosophies de la méthode générale. La méthode étant l'axe de la pensée humaine, le peuple qui donne la méthode est l'axe de la civilisation.

L'esprit de la méthode rationaliste a versé rapidement la clarté à la France. C'est par là qu'elle a pu arriver à la conception, et, par son courage, à l'enfantement ordonné de l'Europe. Par là elle a pu y créer les arts nouveaux, peinture, sculpture, architecture, poésie. Les italiens en seront les élèves et les sublimes continuateurs.

L'esprit de justice a rapidement donné à la France le sentiment des rapports sociaux, qui a été représenté par Ebroïn, Charlemagne, les chevaliers du peuple, par l'hostilité à la théocratie, par les communes, les cahiers. Viennent de là aussi les qualités de caractère, bonté, loyauté, affabilité, générosité que possède seule la France, à qui tous les peuples ont décerné ce nom unique dans l'histoire : la généreuse ! Le code qu'elle a donné par ses chevaliers du peuple, malheureusement trop défiguré par les chevaliers féodaux, est la preuve de l'ardeur de l'âme de justice dans la France. La féodalité seigneuriale et cléricale a troublé tout cela, comme l'avait prévu Charlemagne ; mais cela ne resta pas moins le fond du cœur national. Sous ces mots vous voyez passer les siècles.

Ceci posé, il est facile de voir pourquoi dans le passé la France a été le foyer et le centre de la civilisation. On peut distinguer de façon très générale cinq périodes : De Mérovée à Charlemagne la France se constitue au milieu des troubles terribles causés par la loi de partage, qui défait sans cesse ce qui avait été fait. La loi salique et son esprit restent comme à l'état d'instinct. — De Charlemagne à Abeylar la France a engendré l'Europe, affirmé son rationalisme empiriquement, sans remonter à la philosophie de la méthode. Mais le progrès est tel qu'il engendre la première renaissance toute française. — D'Abeylar à Rabelais en passant par Philippe le Bel, la France a posé la première affirmation philosophique du rationalisme et la religion du saint esprit consolateur, adoucisseur du Jésus. De là va sortir toute la pensée de l'Europe et l'influence de la France pendant le moyen âge et la renaissance où le saint esprit reparaitra dans l'Italie et en France par Postel et je dirai dans Gerson sous le nom de Jésus. On n'a pas encore analysé l'influence d'Abeylar sur l'Italie et ses doctrines, celle de Rabelais sur l'Angleterre y compris Shakespeare et Bacon. — De Rabelais à Descartes la France a donné la première philosophie de l'expérience que dogmatise Bacon ; et son influence a continué. — De Descartes à la Révolution et à nos jours la France a fait complète la philosophie de la méthode rationaliste, elle a établi le rationalisme politique, le rationalisme social. Autant que peut vaincre le rationalisme (ainsi que nous l'avons expliqué) elle a vaincu la théocratie cléricale et l'autocratie féodale. — La France a donc bien été de tous les temps, par la notion de la méthode et de la justice, l'axe du monde, la grande nation, ou comme parle Guizot, le foyer et le centre de la civilisation !

S'il y a eu des lacunes dans son avancement, c'est elle qui a créé tous les arts et la philosophie et la méthode à la première renaissance ! Si à la seconde renaissance elle a été devancée dans l'art par l'Italie, il en faut accuser ses deux ennemis séculaires, l'Angleterre et l'Allemagne, la guerre de cent ans, par laquelle elle sauvait elle-même et l'Europe de l'empire universel anglais, rêvé par Henri V. Si la France a par instants moins produit, c'est qu'elle était mise dans la nécessité de combattre pour le salut du rationalisme et de l'Europe contre l'Anglais, le Teuton, l'Espagnol, la papauté. Mais au milieu de ses désastres ou de ses victoires, elle est restée et elle reste toujours le foyer et le centre, par cela seul que la méthode étant fatalement la directrice des civilisations, les peuples ne font que mettre en œuvre le principe, l'idéal de la France.

Ainsi l'on doit dire que la civilisation de toute l'Europe ne se compose que des conséquences du principe présenté par la France. Toute la partie rationaliste du moyen âge dans tous les pays relève d'Abeylar. Il est le vrai Faust ardent, poétique, noble, énergique, innocent, que l'on travestit dans celui de la légende, cervelle à la merci d'un diable, coupable envers la femme, ridicule dans ses rêveries. Tous les temps modernes relèvent de Rabelais et de Descartes. Voilà les pères de la pensée ! C'est la France par ces génies qu'elle a inspirés, qui est la mère de tout le développement civilisateur. Je ne parle pas de ses inventions spéciales plus nombreuses sans comparaison que celles d'aucun autre peuple.

Les Prussiens croient qu'il est facile d'enlever à la France le titre de grande nation. Leur envie démarque toutes nos grandeurs pour se les approprier et nos historiens sont assez simples pour les y aider. Mais la France, mourût-elle, resterait encore la directrice du monde par la méthode, comme la Grèce antique. Est-ce que la Grèce n'est pas encore l'aïeule de la pensée ? La France morte le serait au même titre ; non seulement par la suite des méthodes rationalistes qu'elle a données dans le passé, mais par la méthode impersonnelle qu'elle présente de nos jours. Par là la direction du monde lui appartient. Tout relèvera d'elle dans le plus lointain développement par ce point profond ! La France morte resterait donc encore, par la méthode impersonnelle, l'axe à jamais inébranlable de toutes les civilisations de l'avenir ! Comme la Grèce, la France est une nation immortelle, même après son anéantissement ! Vous ne ferez rien, peuples, qui ne relève d'elle !

Est-ce parce qu'elle vous impose quoique ce soit ? Nullement. C'est par cela seul qu'elle vous donne la méthode.

II. — La vie des nations se résume dans un axiome.

L'axiome français n'a pas changé depuis 1500 ans : Chercher la clef de la science et la justice selon la raison.

Ceux de l'Angleterre et de l'Allemagne sont restés fixes aussi. L'axiome allemand c'est celui du barbare : La force prime le droit. L'axiome anglais c'est la morale de l'intérêt (qui d'ailleurs est aussi celle de l'allemand), comme la force prime le droit est son procédé.

Il y a donc trois drapeaux dans le monde. Les peuples peuvent les voir et tendre la main. Le drapeau de la force, celui de l'intérêt, celui de la justice. Seront-ils assez lâches pour hésiter ? Oui.

Oui, si la France ne sait pas organiser la justice et ne fait que la présenter comme une promesse, qui n'arrive pas à une fixe réalité. Oui, si la France se laisse trainer, achever dans les luttes épuisantes et insensées des décadences du rationalisme et du fidéisme qui l'empêchent d'organiser la justice ! Oui, si la France n'est pas assez réfléchie, assez travailleuse, assez virilement trempée pour changer ses critériums menteurs de la *foi* aveugle et de la *raison* aveugle, pour le critérium impersonnel et scientifique ! La justice mourra ; et la justice morte qu'a la France à faire dans ce monde ? Elle a laissé anéantir son labarum sacré.

Oh ! c'est l'effroyable spectacle pour qui sait voir le vrai fond des choses, de contempler la France s'exténuant dans les folies des fidéismes et des rationalismes, dans le bysantinisme des mots à effet, des œuvres romanesques, des poésies de légendes, des féeries et des opérettes idiotes, dans les rêves des systèmes individuels, dans la joie des honteuses jouissances matérielles, dans le désir d'y arriver qu'ont ceux qui hier étaient les travailleurs énergiques. Est-ce que le travailleur a pris exemple sur le fainéant ? Il doit le prendre sur le juste !

Et la France ne sait plus vivre ; hésite, elle si décisive ; attend, elle si progressiste ; prend des demi-mesures au milieu du déchaînement absolu des brutalités de la force ! Elle se laisse dépasser dans les œuvres de la paix, comme dans celles de la guerre !

Est-ce bien là notre France ? Je ne la reconnais plus ! C'est elle ; mais découragée, parce qu'elle ne sait pas la cause de ses trois chutes dans la recherche de la liberté ! C'est elle ; mais dégoûtée des rationalismes et des fidéismes, auxquels elle ne peut plus croire, et pour lesquels elle est forcée de se disputer, de batailler encore au fond de leur décadence !

La cause ! Qu'elle la voie : C'est la méthode, ce sont les critériums menteurs ! Le remède ! Qu'elle l'applique : C'est faire de la méthode une science exacte, enseignée à tous, dès le bas-âge, en la réduisant à une question de bon sens ; une science exacte qui, conduisant en sécurité les efforts de la nation, enfante des esprits graves, attentifs, vraiment savants, vraiment sages, vraiment détachés du moi, et qui permette d'organiser la justice, de la présenter aux peuples, non plus comme un mirage qui recule toujours, mais comme une définitive réalité.

La France, dans les chutes que lui ont fait faire les barbaries et les despotismes par leurs éternelles invasions, est comme les souples lions, toujours retombée sur ses pieds, et s'est relevée. Restée la conductrice des peuples jusque dans ses défaillances, elle se relèvera ; elle est toujours le lion de la méthode ; elle prendra, comme les Francks, la clef de la science et ouvrira les portes de la justice. C'est son œuvre ! Elle l'accomplira ! Elle a la méthode impersonnelle !

La pensée humaine marche à ce but, parce que la science y marche à grands pas ! La France peut proclamer la

méthode générale impersonnelle, elle sera comprise !
Déjà depuis longues années des étrangers l'ont traduite et
l'enseignent. O France, c'est toi qui la devais enseigner
la première ! Penses-y !, Et vous, nations, changez l'idéal
de l'intérêt et de la force contre celui du juste et la France
ouvre son cœur pour vous aimer. Ensemble vous ferez la
route du bien, du mieux !

III. — Peuples, voyez-le : chacun des rois existants voudrait l'empire universel. La Prusse pour y arriver cherche
à se fabriquer une légende de génie et de vertus. Cette
monstrueuse invention, par la presse payée de nombre de
peuples, menacerait de tromper l'histoire, si des esprits
clairvoyants et énergiques ne la démasquaient. Je le fais.
Les rois n'ont que des désirs gros de guerres et de ruines.
A côté d'eux la papauté essaie, avec l'aheurtement des
nageurs qui se noient, toutes les causes de conflits pour
resaisir la direction de l'Univers.

En face de tous ces états fidéistes, quel est le but pacifique et magnifique de désintéressement et de justice que
poursuit la France ? Elle veut une Europe de nations indépendantes et fédérées, s'avançant dans la paix et la liberté,
les égards réciproques, vers la science et le progrès.

Jamais peuple n'eut si grande âme, ni si noble visée !
Voilà pourquoi la France est calomniée par tous les autres
peuples. Le signe du juste est d'être martyr. La France
est le martyr de sa bonté et de sa justice ! Qui ne comprend
pas l'âme française n'a pas l'âme aryenne.

Ce grand dessein de la France est le couronnement
logique et naturel de tout son passé ! Loi salique, chevaliers sociaux ou du peuple, philosophes et littérateurs,
délivrances successives de l'Europe de toutes les barbaries, rationalisme méthodique, philosophique, politique,
révolution, tout a porté, préparé cette vaste et généreuse
pensée. Peuples choisissez !

Peuples, voyez jusqu'au fond : La France ne cherche pas à être une nation dominatrice. L'oppression lui est odieuse à imposer, odieuse à supporter ! Ni commander, ni obéir, c'est son âme. Marcher côte à côte dans le chemin de la droiture et de la justice c'est son désir. Nation, individus sont tout un ici ! C'est ce qui rend le Français le plus doux des hommes dans ses relations, malgré la copie que quelques-uns veulent faire de la sotte arrogance des nations voisines. La France ne veut être que ce qu'elle a été : le peuple inspirateur. C'est pour elle être la grande nation.

Peuples, si vous doutez, il faut que vous vous arrêtiez à peser son histoire. La France pas plus que la Grèce n'a été un peuple aggressif. Elle fut le théâtre des invasions de toutes les barbaries du sud et du nord, de l'est et de l'ouest. Elle a passé sa vie à les repousser. Le Franck, le Français une fois installé dans sa terre n'a plus envahi que pour sa défense. On peut dire que, seuls, Guillaume le Conquérant, le duc d'Anjou, Napoléon l'ont fait sortir de cette ligne politique. Elle a été la nation d'équilibre, d'ordre, parce qu'elle était la nation de la justice et de la clef de la science.

Récapitulez : Les grandes guerres des deux Pépins, des deux Charles ont été des guerres de défense. Celles de Clovis contre les Allemands déjà n'avaient que ce caractère. Witikind n'est pas une victime, c'est un Attila manqué. Les Teutons Allemands ont passé les siècles à envahir tantôt la France, tantôt l'Italie. La France a défendu l'Italie contre eux ; l'Italie veut attaquer la France avec eux. Nos grands chefs, notre empereur Charlemagne, ont contraint les Teutons, les Lombards, les Musulmans, tous envahisseurs, à se tenir dans leurs limites. Par là ils ont fondé l'ordre européen. La France est la mère de l'Europe.

Les croisades ont été organisées par les papes en France. La longue guerre de cent ans est la victoire défensive de la France sur l'Angleterre, qui voulait par notre pays conquérir l'Europe et l'empire universel. Charles VIII a été appelé par les Italiens à envahir l'Italie, pour la délivrer des envahisseurs Allemands et des prétentions papales. Les guerres avec l'Espagne poussée par la papauté, ont été des guerres de défense. L'Espagne comme les Musulmans, les Allemands, les Anglais faisait le rêve de conquérir l'Europe et l'empire universel. C'est sur la France qu'a pesé et pèse tout l'effort de ces peuples. La France a passé sa vie à sauver l'Europe !

Les guerres de Henri IV, Richelieu, Louis XIV, qui se ressemblent, sont la défense contre l'Autriche aspirant à l'empire universel. Frédéric III avait pour devise A. E. I. O. U. *Austriæ est imperare orbi universo!* Louis XIV même n'eut jamais cette pensée. Être inspirateur de l'Europe restait au fond sa politique, dictée par l'esprit de la France, malgré son despotisme personnel.

Les guerres de la Révolution n'ont commencé que lorsque la Prusse aggressive était au cœur du pays. La Révolution a été forcée à conquérir pour se défendre. C'est là que de nos jours la Prusse va pousser la France encore une fois !

Les guerres de Napoléon sont d'un caractère exceptionnel dans notre histoire. Rien de la République et de la nation ne les faisait présager, ne les rendait nécessaires. Elles ont été faites malgré la France et dans un but tout individuel : Napoléon avait rêvé l'empire universel. La Prusse copie ce vieux rêve.

1870 a été de notre part une guerre purement défensive. Cela ne fait de doute pour personne, surtout depuis les explicites et cyniques aveux de Bismarck. Qu'on pèse la situation où la Prusse encore accule la France et l'Europe. Frédéric de Prusse, qui était bien de son pays, s'y connaissait en fourberie ; il disait : « Ce n'est pas celui qui attaque qui est l'aggresseur, c'est celui que l'on force à attaquer, »

La Prusse continue ce rôle. Tant qu'elle vivra l'Europe n'aura point de paix. Elle mérite Sainte-Hélène comme Napoléon. Elle a fait de la paix une aggression continue.

Tel fut l'esprit de nos batailles. Les mensonges de nos ennemis ne prévaudront pas contre les faits ! L'envahisseur c'est tout ce qui n'est pas la France ! La France c'est l'équilibre, c'est l'ordre parce qu'elle est la justice et la méthode !

IV. — Français, pour que la France reste le peuple, non pas dominateur, ni même directeur, mais inspirateur, que faut-il ? Faites bien entendre cela, Français, à toutes les nations ! Que faut-il ? Quelle reste ce qu'elle a toujours été : le peuple méthodique. Il faut que, les méthodes anciennes étant épuisées, elle donne la méthode science faite, qui seule peut conduire l'avenir. La France inspirera l'avenir comme elle a inspiré le passé.

Ce résultat est fatal puisque c'est la loi de l'histoire que les peuples soient logiquement et fatalement menés par la méthode et par le critérium infaillible qu'adopte la pensée humaine ! C'est donc la loi de l'histoire que le peuple méthodiste inspire tous les autres ! Certes les autres auront leur liberté complète de développement ; mais l'axe de rotation de l'universalité des efforts humains sera donné par la France ! Tout se rapportera par là à la chère et grande patrie !

Je n'avance, comme on le voit, rien que l'histoire ne prouve. Les Francks venant dans le milieu barbare, barbares eux-mêmes, mais avec le grand secret antique des cœurs Aryas, ont proclamé, dès le préambule de leur loi salique, le critérium de la raison cherchant la science et la justice. C'est là surtout ce qu'il faut observer et retenir de la loi salique, parce que c'est l'axiome idéal et vital de la nation. Les Francks avaient donc une autre âme que celle de ce milieu barbare, qui avait pour critérium la force ; que celle de ce catholicisme et de ces Gaulois qui avaient pour critérium la Foi aveugle. Les Francks, les Français étaient donc le peuple méthodiste né. C'est par là qu'ils ont mis l'ordre au chaos et fait naître l'Europe. C'est par là qu'ils ont conçu l'idéal de justice des redresseurs de torts, les chevaliers sociaux ou du peuple, ce contrepied des chevaliers féodaux, avec lesquels on les confond par une légèreté blasphématoire ! Les chevaliers sociaux sont précurseurs des cahiers et de la Révolution ; les chevaliers féodaux en sont la négation, comme les chevaliers cléricaux ! C'est par là qu'Abeylar a donné et répandu par ses élèves dans toute l'Europe la notion de la méthode dès la première renaissance, toute française ! C'est par là que la France durant le moyen âge a eu la direction de l'esprit opposé à la tyrannie de l'Église et qu'elle a abouti à la destruction de l'empire universel des papes et des templiers, leurs séides. C'est par là qu'est devenue possible la seconde renaissance, européenne celle-là, mais qui n'est qu'une reproduction et un complément de la première interrompue par l'Église ! C'est par là que la France n'est jamais (jusqu'à nos jours du moins) tombée sous l'ultramontanisme et l'inquisition comme l'Angleterre, l'Allemagne dans le moyen âge, comme l'Espagne et l'Italie dans toute leur histoire. C'est par là qu'elle a établi la direction rationaliste de l'esprit et de la politique générale de l'Europe en anéantissant la direction fidéiste de l'Église ! C'est par là enfin qu'elle a accompli la *Révolution du monde, la révolution de principes* et non affranchissement partiel d'une tyrannie, contrepied des lois du fidéisme et de la force, parce qu'elle n'est plus une simple révolte empirique, mais une *révolution sociale méthodique* où la raison et la justice s'élèvent jusqu'à donner les axiomes et les premières règles de la science sociale définitive. C'est par là enfin que, la méthode de Descartes ayant apporté la plus large formule possible du rationalisme, la France a inspiré, guidé, dicté, dirigé tout le mouvement des systèmes philosophiques de l'Europe, qui en Allemagne, en Angleterre, en Hollande, en Italie, en Espagne, en Amérique, comme en France, ne sont que des déductions, des conséquences logiques soit de l'expérience de Rabelais, soit de l'évidence et du moi de Descartes.

Voilà le passé ! La France a donc bien été l'inspiratrice générale de l'Europe, comme elle en avait été la mère et le sauveur.

V. — Or, vous le voyez, peuples, à vos décadences, dont vous rougissez tous en secret, tout en feignant d'être purs ; vous le voyez, vos méthodes conductrices sont mortes, vos critériums directeurs ne vous laissent retomber que dans les vices du moi, de l'intérêt, de la joie, de l'aheurtement, de la paresse. Le rationalisme intellectuel et moral est épuisé, comme les fidéismes. Tous deux se traînent, se meurent et vous laissent pourrir, vous font pourrir !

Le rationalisme n'en est plus à l'évidence, à l'expérience, à la conscience, moyens généraux et vagues. Les conséquences pratiques sont tirées aussi bien que les conséquences logiques. Le *moi* humain se fait sa loi morale et chacun a la sienne. Le rationalisme social se meurt comme les fidéismes. Il est mort avec les dictatures de Robespierre et de l'empire, qui ont ramené le critérium de la force et de la théocratie ! Il est mort avec la Restauration et les d'Orléans, qui ont essayé l'accord de la révolution rationaliste et de la royauté ! Il est mort avec le second empire qui comme le premier a confisqué le rationalisme et la justice au profit de la force et du fidéisme ! Il achèverait de mourir dans l'impuissance d'organiser l'ordre libre, s'il conservait la direction des intelligences et la marche de la France, tombant sous cette fin du rationalisme qui est l'individualisme déchaîné.

Les conséquences philosophiques sont tirées elles aussi.

L'Allemagne que son manque de sens moral et de pondération laisse aller à tous les excès les plus cyniques et les plus absurdes de la logique, a poussé à l'insanité les conséquences du moi critérium de Descartes. Elle a par la folie de ses conclusions fait tomber toutes les sciences hautes de l'humanité ! Quelques esprits subisseurs d'influences l'ont suivie chez nous. D'autres se sont contentés d'un scepticisme agréable et sans portée intellectuelle, s'il était de littérature charmante. D'autres ont cherché à cacher le fond de leur germanisme sous une idéalité empruntée à notre philosophie. Mais tous ces efforts sont vains. La tache du Moi-Dieu est toujours célée en leur principe.

Cette risible absurdité a fini par déterminer deux courants chez nous. Les uns ont dit : le Moi-Dieu est dérisoire, mais la logique est exacte et c'est l'humanité qui est le Dieu. En même temps acceptant le critérium de l'expérience, ils se sont cantonnés dans la matière et ont affirmé l'organisme comme le critérium universel. Le moi s'est trouvé tronqué, il n'est plus représenté que par le corps. Cette doctrine, qui est l'âme du système de Comte, a fait le tour de l'Europe. Comte règne ! Protagoras règne ! Des historiens l'ensencent. Beaucoup de penseurs bien intentionnés, mais aveuglés par la fausse notion de la méthode, ne voient que par cet enfantillage philosophique.

Les autres, c'est-à-dire l'ensemble de l'esprit français, effrayés de ces conséquences, ont dit : Non. Il y a là, il est vrai, une logique exacte ; mais il y a la décapitation de la nature humaine. Gardons nos doctrines mitoyennes ; arrêtons la logique ; restons dans la pondération du bon sens ; fixons-nous dans une sage attente des faits nouveaux. Le rôle brillant, ils l'ont sacrifié pour un équilibre réservé, mais de convention. C'est notre philosophie universitaire, pleine de dignité et de savoir sans doute, mais condamnée à l'impuissance, parce que la logique trame toujours tout.

De cette attente de la France devait surgir la vérité. Elle en sort par la *méthode de l'impersonnalisme*. C'est là ce qui doit fonder le grand espoir des peuples dans la France et de la France en elle-même. Ce nous est une espérance profonde, une joie intime, immense ! Les peuples verront cela : la France se recueillant loin des faussetés à la mode, et, avant de prononcer une affirmation imprudente, attendant la certitude du Fait. C'est le sublime instinct méthodique de la France qui l'a conduite. L'université a donné ce noble exemple. C'est aussi cet instinct méthodique de la France qui lui fait découvrir les lois de la certitude, ériger la science de la méthode impersonnelle ; c'est cet instinct méthodique qui fera adopter cette méthode impersonnelle comme la vraie base de l'éducation de nos fils.

CHAPITRE IX

Mission de la France. — Conclusion.

I. — En attendant la fédération, hélas ! lointaine, nous allons traverser de terribles, de cruels moments.

Cet avenir prochain appartiendra au peuple qui appliquera la méthode impersonnelle avec suite, avec conscience. Pourquoi ? Parce qu'elle donnera une complexité d'attention, d'observation, de pénétration inconnues jusqu'ici et absolument nécessaires à l'ère scientifique où entre le monde. Médite-le, ma France.

La méthode fidéiste rend volontairement et systématiquement aveugle *à priori*. Elle aheurte dans la cécité, parce qu'on ne veut voir que le seul objet de sa foi. Elle débride l'homme dans le songe, dans tous les songes, qui tachent toutes les religions, sans exception. On voit les choses, les êtres, les âmes au travers de l'objet de foi, et tout se colore arbitrairement.

Les méthodes rationalistes rendent léger par infatuation personnelle et complaisance dans sa propre pensée.

Ces deux méthodes sont donc l'empêchement à l'approfondissement de la science totale.

Mais l'ère de la science est ouverte. Il faut, pour y pénétrer jusqu'au fond, pour la saisir dans son envergure infinie, se guérir de ces deux aveuglements, c'est-à-dire renoncer à ces deux méthodes et n'admettre que la méthode de l'impersonnalisme.

A partir de cette heure un avenir nouveau d'universalité scientifique, de complexité totale de la philosophie des sciences est assuré. Le progrès suit avec un développement proportionnel au critérium.

Donc le peuple qui pratique la méthode impersonnelle fera ce progrès et par lui primera les autres.

II. — Oh! cette sagesse arrive à son heure!

Car la mission du rationalisme étant finie, comme celle des fidéismes, le monde ne peut plus, ballotté de l'une à l'autre, que s'abîmer de décadence en décadence.

Mais si la mission du rationalisme est finie, la mission de la France, qui a été le rationalisme incarné et vivant individuellement et socialement, la mission de la France finirait avec lui! C'en serait fait de l'inspiration française!

Chère France, ce ne serait pas seulement une question de simple inspiration, mais de vie et de mort! Car les peuples qui prennent la tête de l'humanité ne laissent pas vivre ceux qui l'ont tenue si longtemps.

Il faut donc que la France sorte de sa noble mais improductive réserve. Le temps presse. Qu'elle monte jusqu'à l'*impersonnalisme de la méthode,* jusqu'au *critérium impersonnel ;* que nos savants si admirablement impersonnels dans la pratique empirique de leur science, sentent que là est la loi supérieure de la méthode et de l'humanité ; qu'ils laissent tomber en désuétude tous les vieux critériums de la raison pour les reporter au FAIT qui est toute leur force !

Ce renversement des termes méthodiques accepté, le changement est accompli des méthodes personnelles (fidéisme et rationalisme) en impersonnalisme vraiment scientifique. Cette méthode proclamée, enseignée dès le bas-âge tout est sauvé. Tout se refait à neuf. L'homme apprend à se défier de lui-même, à ne se fier qu'à l'INDESTRUCTIBILITÉ DU FAIT ; à ne pas se chercher lui-même, mais à chercher le FAIT, c'est-à-dire la vraie science ! Il ne se laisse plus aller à l'infatuation du *moi* où le pousse la raison critérium ; il n'écoute que le FAIT et ne parle que par le FAIT, la grande voix de la vérité ! Il met la vérité dans son cœur et son esprit à la place du *moi* et de ses rêves ! Il prend de bonne heure le goût, le besoin du seul vrai, comme il avait jadis, et, comme il a hélas ! encore, le goût du songe, du roman fidéiste et du système personnel. Cela se fait tout seul dès les premières pensées de l'enfant instruit ! Toutes les passions du moi qu'exalte le rationalisme se trouvent en accalmie, apaisées par la religion du FAIT qui est la grande religion de la science. Qui a la religion du FAIT ne dira jamais de mensonge. C'est l'honnêteté morale en même temps que le vrai savoir qui se lève dans l'homme. Le *moi* aura son correctif comme dès le bas-âge, voulu par lui-même dans les lois de la science et éclairant les lois de la vie. La grande force de l'impersonnalité de la méthode et du critérium c'est le salut.

Est-il donc si difficile de changer de critérium et de méthode ? Le monde antique, le monde barbare, effrénés, n'ont-ils pas remplacé le critérium de licence par le critérium arbitraire et meurtrier des Fois. La nature humaine se sacrifie toujours, partout, à son critérium choisi. Et les Fois comme les rationalismes nous en ont montré de hideux, de magnifiques, d'innombrables exemples. Le critérium impersonnel ne demande aucun de ces terribles sacrifices. Il ne favorise que le développement et l'équilibre moral et scientifique de la pensée dans l'ordre et le progrès.

Qui quitte le catholicisme, quitte le critérium papal, la méthode du dogme-science *à priori*. Il n'y a pas un homme indépendant en France, méritant le nom d'esprit complet, qui n'ait abandonné ce critérium et cette méthode pour ceux du rationalisme.

Étant reconnue l'impuissance des critériums rationalistes et fidéistes, les hommes de pensée en France n'ont donc qu'à changer encore une fois de critérium et à adopter celui qui seul est l'infaillible, le facteur de vérité, le verbe de certitude, la base de toute science, entraînant les nations dans une gravité réfléchie, suite de l'impersonnalité, qui garantira la liberté et l'ordre.

La loi de transformation évolutive des civilisations une fois posée dans le monde, pratiquée par la France, se propagera comme toutes les lois de science. Elle deviendra la loi de l'esprit, de toute l'élite pensante d'abord ; puis la loi des peuples. Et les peuples en seront désormais capables puisqu'ils auront la méthode. Et les peuples organiseront un ordre solide, une fédération d'États, où tous les progrès évolueront pacifiquement l'un sur l'autre, sans que les révolutions soient nécessaires.

Et la science étant en progrès continu par la méthode, l'évolution progressive des sociétés sera continue. Car aimer le Fait, avoir la religion du Fait, c'est courir sans cesse à plus de science, à plus de progrès.

Ce que je demande à la France d'organiser sans retard pour l'éducation de ses fils, la fera rester l'inspiratrice du monde civilisé, comme elle l'a toujours été par l'idéal salique, par l'application qu'en a faite *notre* empereur Charlemagne, par l'affirmation méthodique d'Abeylar, par le rationalisme de nos penseurs, de nos poètes au moyen âge, par la proclamation de l'expérience de Rabelais à la seconde Renaissance, par la méthode de l'évidence de Descartes, par celle de la conscience de Voltaire, par la Révolution.

Rabelais demandait l'application de la méthode expérimentale à l'éducation de la jeunesse. C'est la plus profonde grandeur de son livre multiple, grandeur qui n'a point été appréciée, et la seule qui doive nous occuper ici. Je demande l'application de la méthode impersonnelle à l'éducation de la jeunesse. C'est le salut de la liberté et de la France, c'est l'assurance de l'influence de la France dans l'infini de l'avenir, par la méthode et le critérium impersonnels, seuls scientifiques, et dès là impérissables.

Combien l'esprit de querelles s'apaisera-t-il ! Les méthodes rationalistes poussent et autorisent l'homme à toutes les infatuations, à toutes les hargneuses disputes. Les méthodes fidéistes aheurtent à des préjugés sans portée, chaque nation dans l'humanité, et dans chaque nation, chaque secte, chaque famille, chaque individu.

La méthode impersonnelle habitue dès l'enfance tous les esprits à s'en remettre au FAIT, pour juger tous les différends. Quelle pratique de gravité, de patience, de détachement du moi, ne naîtra pas de là ! Quel apaisement des passions ! Les rationalismes, les fidéismes ne font que les autoriser, les exciter, bien plus poussent la conscience de l'homme à s'obstiner, se buter, s'entêter. La conscience de l'homme se portera désormais et tout naturellement, par l'habitude d'enfance, vers le respect du FAIT, c'est-à-dire de la vérité ; car ce sont les faits qui peu à peu font l'édifice de la science, les lois n'étant que des FAITS d'ordre supérieur et général.

Le temps est mûr pour une telle transformation, qui changera pacifiquement et complétement l'esprit de nos sociétés ! C'est l'heure, car les décadences mettent en péril toutes les nations qui participent à la civilisation existante, comme les nations d'Asie traînent les lambeaux des civilisations de l'antiquité.

La France surtout doit se hâter, elle qui fait sur elle-même, pour l'éducation du monde entier, l'expérience des luttes des rationalismes et des fidéismes à l'état aigu, et qui s'épuise dans ce combat. Oh ! je voudrais sauver ma patrie ! Oh ! je voudrais sauver l'humanité et ses progrès ! C'est pour les sauver que, sacrifiant tout et moi-même, j'ai entrepris cette immense série de travaux qui tous aboutissent à la victoire du critérium impersonnel dont les conséquences sont incalculables pour le bien, le progrès et l'élévation morale de l'humanité !

III. — Mais une angoisse nous étreint ici, chers Français. Épouvantable péripétie : La France mettra-t-elle cette loi en pratique, ou se laissera-t-elle dérober (comme presque toujours) sa découverte par une incurie coupable ? Attendra-t-elle pour mettre en œuvre la loi de la méthode et la loi de l'histoire, que d'autres peuples en aient déjà tiré le profit avant elle, contre elle ? Le découragement des rationalismes et des fidéismes la plonge dans l'inertie. L'aheurtement de chacun dans ces vieilles et funestes méthodes, le désir de jouir, d'avoir l'or qui fait jouir, vont-ils paralyser la pensée ? La connaissance de la loi de l'histoire lui rendra-t-elle son initiative d'antan ? La méthode impersonnelle doit refaire du Français de la décadence, le Franck, *le toujours en avant*. Elle vient pour le sauver.

France, souviens-toi de cet exemple : Il y avait deux cents ans que Papin avait inventé le premier bateau à vapeur brisé par les Allemands ; cent ans que le marquis de Jouffroy avait renouvelé cette invention ; arrive un

américain, Fulton, qui la réédite et la présente à Napoléon !
Ce génie ignorant, et ici inepte de routine absurde, refuse !
Et son ardente et haineuse volonté était : anéantir l'Angleterre ! S'il avait eu la priorité d'une flotte à vapeur, il aurait pu la faire disparaître de la carte des nations, cette Angleterre, dont il allait être le prisonnier.

Que cet exemple, Français, vous appelle à l'étude et à l'initiative ! Vous êtes à une heure où vous en avez un urgent besoin ! Ce n'est que par la science faite et la méthode que vous aurez toute votre force.

Toute la question est donc là : La France aura-t-elle la grandeur d'âme, la vigueur d'intelligence, le caractère assez trempé pour changer de méthode et de critérium ? Aura-t-elle la profondeur d'esprit, d'attention, de méditation, la force de volonté qui font rompre avec les habitudes, les intérêts et les préjugés, ces liens de l'esprit et des sociétés, qui l'accablent sous les rationalismes et les fidéismes ?

La France a été le grand peuple rationaliste ; sera-t-elle le grand peuple impersonnel ? Elle seule peut le devenir, car toutes les autres nations ont pour critérium l'intérêt et la force. Ma France, le seras-tu ? Tu peux l'être ! Tu l'es par le cœur ! Sois-le donc par l'esprit et la méthode ! Proclame la méthode impersonnelle, et tu ouvriras l'avenir, comme tu as ouvert le passé depuis ton idéal salique ! Tu sauveras encore une fois la civilisation et l'Europe, en te sauvant toi-même ! Tu resteras l'inspiration du monde dans l'avenir, bien plus encore que tu ne l'as été dans le passé. Chère patrie, tu seras à jamais la grande nation, la sœur de la Grèce qui avec toi est encore la grande nation aujourd'hui, seule de tous les peuples passés ! L'esprit Arya règnera dans l'univers à la place des funestes rêves assyriens.

Je ne demande aucune révolution. Rien de plus facile et de plus simple que de mettre en pratique ces grandes lois. Une évolution d'enseignement y suffit. Voyez-le.

CHAPITRE X

Pratique.

En tout il faut arriver à la pratique !

Donc la France doit continuer son grand rôle inspirateur. Elle le peut. Elle a la méthode de l'impersonnalisme qui sort de son sein comme toutes les précédentes philosophies de la méthode. Elle la possède depuis trente ans bientôt, déjà acclamée par nombre de grands esprits. Qu'elle l'enseigne à ses enfants. A l'étranger il y a vingt-cinq ans qu'elle a été traduite et enseignée. Et toi, indifférente France, tu te perds dans les contradictions improductives et implacables des fidéismes et des individualismes déchaînés.

C'est l'heure, ô chers jeunes professeurs des enseignements primaire, secondaire, supérieur, de penser gravement. L'avenir de la France et de la civilisation est dans vos mains ! C'est de la direction que vous donnerez à l'enfance, à l'adolescence, que sortiront les vertus ou les vices, les ouvertures d'esprit ou les aveuglements ! C'est vous qui avez la grande responsabilité ! Vous êtes, ou vous devez être le monde de la vérité, quand, autour de vous, se débat le monde du mensonge. Ce n'est pas seulement en spécialistes qu'il faut aborder l'enseignement, c'est en tenant compte de tout l'homme.

A quoi sert de penser si la direction de la pensée est mauvaise ? A quoi sert d'être érudit, si le savoir ne conduit qu'à plus d'abaissement du caractère et à plus d'immoralité ? On plonge dans plus d'erreur, voilà tout. Ce sont les décadences qui, bien que plus instruites que les nations primitives, marchent vers la mort, vieillards usés de vices, qui n'ont plus en eux la force vitale même des innocents petits enfants.

Donnez-nous avant tout la droiture méthodique ; c'est la droiture de l'esprit, du cœur, de la justice morale en même temps que de l'instruction ! Trempez les caractères dans la justice ! Trempez les esprits dans la vérité ! La science de la méthode est intégrale et suffit à tout cela. Sans elle vous n'y arriverez jamais.

L'enseignement de la méthode impersonnelle doit être la base de toute éducation. Chercher son critérium infaillible, directeur de la pensée et de la vie, c'est le vrai commencement de la sagesse. Ce n'est plus cet axiome brutal et insultant à Dieu, dont il fait un facteur du mal, à l'homme dont il fait un lâche : la crainte de Dieu est le commencement de la sagesse. Non c'est une loi d'amour : l'amour du FAIT, verbe de toute vérité. C'est le commencement de la sagesse.

La Méthode impersonnelle est le catéchisme de l'avenir. Il doit être dans les mains de tous, riches et pauvres, femmes et hommes. Il peut être mis à la portée des enfants plus facilement que le catéchisme des Fois d'une métaphysique si singulièrement hasardée et arbitraire.

On peut réduire la science de la méthode à une simple question de bon sens. L'auteur a écrit pour les écoles primaires le *Catéchisme méthodique ;* pour les écoles secondaires et l'enseignement supérieur la *Méthode générale ;* pour l'approfondissement de la méthode, l'*Ultimum Organum*.

Il ne pense pas avoir ici à s'occuper des réformes de l'enseignement. Cependant il croit devoir dire qu'il considère l'enseignement de mots comme une perte de temps et un danger. Il croit qu'on doit connaître à fond l'esprit de l'antiquité Égyptienne, Indoue, Persane, Juive, Grecque et Romaine, mais que passer tant d'années à n'apprendre que les mots de deux langues qu'on ne sait jamais, et qui ne servent jamais, est un malheur public. Les mots ne font pas des hommes. Je n'ai, quant à moi, pris ma grande ardeur au travail que lorsque j'ai vu des idées ; jusque là, j'ai travaillé par docilité, mais avec dégoût.

Les enseignements primaire et secondaire font l'âme de la nation. Ils doivent présenter une solidité puissante. Il faut que tout y converge à faire des hommes non des perroquets et des joueurs de syllabes. Faire des esprits, des caractères, c'est faire des cœurs. L'enseignement supérieur sera poussé dans les spécialités linguistiques et autres.

On peut réduire la science de la méthode, de la morale, de la religion et toutes les sciences, essentielles à la base de l'intelligence et de la conscience, à des questions de simple bon sens. Les sciences, au moins en ce qui regarde l'éducation de l'enfance, peuvent être amenées à ce point. Il faudrait donc avoir un catéchisme de chacune des sciences se rattachant le plus étroitement à la science de la méthode et à celles qui sont le plus nécessaires à la vie. Cet ensemble constituerait l'enseignement primaire de la méthode impersonnelle. Ce serait le cycle intégral d'une éducation de choses, de faits, de lois, non de mots.

1° Catéchisme de la méthode impersonnelle ; 2° Catéchisme de la science de la justice morale ; 3° Catéchisme de la science des religions ; 4° Catéchisme de la religion de la science ; 5° Catéchisme de l'histoire et de la loi de l'histoire ; 6° Catéchisme d'astronomie ; 7° Catéchisme de géologie ; 8° Catéchisme de sociologie ; 9° Catéchisme des différents arts et métiers. Nous en avons déjà fait plusieurs.

Ainsi instruit d'une façon générale et superficielle sans doute, mais solide par ses bases et par les vérités acquises, l'adolescent pourra penser droit, aller droit dans la vie, choisir une carrière en connaissance de cause, savoir au lieu de mots, qu'il y a une morale qui n'est que de la justice ; qu'il y a un lien avec l'Esprit pur et supérieur qui est tout le bien et rien que le bien ; qu'il y a des Fois qui ont leur danger et que la science faite seule est sans danger ; que pour être un sage et un bon, un homme sans orgueil, il faut non pas croire à soi, mais aux Faits, verbes de Dieu, et aux Lois scientifiques, qui ne sont que les conséquences de son essence même ; que le monde est fait de telle sorte ; que telles sont les histoires de la terre et du ciel ; que l'histoire des hommes est l'expérience de la vie sociale ; quels sont enfin les arts et les métiers qui peuvent soutenir la famille que l'homme est appelé à se créer. Il pourra se diriger sûrement. Il en aura le moyen, la méthode et l'idéal. Il aura un ensemble de convictions qui assoieront son caractère, le dirigeront vers la vérité, la vertu, la justice qui sont unes par le critérium infaillible impersonnel ! De là découlera dans le cœur de tous les Français l'ardent amour de la France, qui leur apparaîtra comme la justice vivante, parmi les nations, mais aussi l'amour des autres peuples, même des ennemis, qu'ils chercheront à convertir à la paix par la science. Les enfants seraient instruits, soulevés vers la vie, non écrasés, domestiqués ; ils seraient dignes d'être hommes.

Ceci dit pour l'enseignement primaire et pour le commencement de l'enseignement secondaire dans lequel on approfondirait ces matières, et où l'on présenterait un ensemble des arts et des sciences. Quant à l'enseignement supérieur il serait l'étude approfondie des spécialités des arts et des sciences avec l'étude de la méthode générale poussée à son dernier terme et montrée en toutes ses conséquences par l'*Ultimum Organum* et les sciences morales constituées. Le principe de la méthode générale doit être sans cesse présent à tous les spécialistes, sous peine de funeste rétrécissement de la pensée même chez les plus vrais et les plus remarquables savants et artistes.

Ce point doit être toujours bien en vue : que rien dans les arts, dans les sciences les plus élevés ne peut échapper à la nécessité d'obéir aux lois de la certitude, à la méthode impersonnelle, au critérium impersonnel, seul infaillible : *l'indestructibilité du Fait propre à chaque ordre du savoir.*

Un dernier mot : Voilà les hommes lancés dans la vie pour l'éducation. N'auront-ils plus aucun rappel des idées hautes que l'instruction leur a données ? Laisserons-nous les individus isolés retomber dans leur *moi*, en face les uns des autres dans le combat vital, oubliant le grand principe impersonnel de la méthode et des sciences ? Si fort que soit ce lien premier, suffit-il à l'humanité ? Ne court-elle pas risque de perdre la belle trace de son élévation ? Il faut que les hommes se sentent unis, portés les uns vers les autres par la communauté des émotions du cœur, de l'élévation de la pensée, par ce qui représente à l'homme tout l'impersonnel, la science et l'émotion de la science qui est le sentiment du religieux et du divin.

Mais cette question demande des développements considérables que nous ne pouvons donner ici. Elle touche à des problèmes de sciences spéciales dont un historien n'a point à connaître. Nous l'avons ailleurs traitée en son complet.

Nous voulons ici bien montrer et maintenir que l'histoire se suffisant à elle-même comme science, on ne doit pas mêler imprudemment d'autre question à celles qui constituent proprement le sujet de cet écrit : la loi de l'histoire et les modifications, les progrès que cette loi connue peut donner à l'humanité.

Pour la suite qui regarde la vie, l'entretien des idées hautes dans l'âme, afin qu'elle puisse résister aux mille suggestions qui assaillent l'homme, nous renvoyons donc nos lecteurs et lectrices à notre *Science des Religions* et à notre *Constitution Scientifique de la Religion*.

CHAPITRE XI

A la jeune génération.

I. — Et maintenant, jeunes gens du présent et de l'avenir, le vieillard sent le besoin de vous adresser un mot de consolation et d'espérance.

Le monde a désespéré de la Foi, de toutes les Fois et de tout ce qui s'annonce comme une révélation.

Il a bien fait.

Le monde a désespéré des échafaudages métaphysiques nés de l'imagination et construits au hasard logique d'une base fausse.

Il a bien fait.

Le monde aujourd'hui est tenté de désespérer de la science.

Il fait bien.

II. — Ne vous y trompez pas, jeunes gens, un tel état est la mort des peuples, des civilisations. Tout peuple, tout homme, tout roi, tout prêtre, tout écrivain, tout artiste, tout philosophe, tout fondateur de secte, le monde entier enfin fait œuvre de mort.

Et cependant, jeunes gens, j'ose dire le monde fait bien.

Pourquoi ?

C'est que le monde suit sans le vouloir la logique fatale de la vérité. Je ne dirais pas il fait bien, que la logique des critériums existants le crierait à ma place.

Pourquoi donc cette fatalité ? C'est que les peuples, les rois, les individus représentent chacun une des phases logiques des critériums des fidéismes et des rationalismes, et que ces critériums étant épuisés, rien, rien, rien ne peut plus tenir debout. C'est que malgré tous les efforts et les bonnes intentions des clairvoyants qui sentent l'abîme nous tendre son gouffre, et qui vont chercher des étais dans les vieux fidéismes, dans les vieux rationalismes, rien ne se pourra relever, car tout ce qu'on apporte est absolument impuissant.

Mais pourquoi dans un pareil péril dire que le monde a bien fait ?

Le monde a bien fait de faire effondrer les Fois, parce que les Fois ne peuvent plus le mener quand la science se lève.

Le monde a bien fait de faire tomber les métaphysiques, parce qu'elles n'ont été qu'un échafaudage incapable de remplacer les Fois n'étant que des rêves.

Le monde a bien fait de nier la puissance des sciences physiques à le sauver, parce que les sciences physiques, malgré leur force spéciale, ne font que détruire le bel équilibre moral nécessaire à la vie de l'humanité.

Parce que les sciences physiques avec leurs embryons de méthodes ne donnent que des solutions partielles et non l'équilibre du savoir total.

Donc elles ne peuvent affermir la direction de l'âme et de l'esprit. La méthode science faite a seule cette puissance.

Les sciences aujourd'hui ont beau faire, beau dire, elles n'ont que des méthodes incapables de donner à l'esprit humain le sens de l'infini et le lien avec lui.

Or c'est la fatalité de la pensée humaine de chercher l'infini. Il veut être satisfait sur ce point. Il n'en démordra jamais. Les négations pures et simples ne sont que des enfantillages d'homme qui crie fort dans la nuit pour se rassurer. L'esprit porte de l'infini en soi. Il le lui faut. Si vous ne le lui donnez pas science, il le reprendra Foi ; et dès lors tout le chemin de la liberté de la pensée sera à recommencer.

Oui, mes enfants, le vieillard vous le dit dans toute la simplicité d'un homme qui a passé sa vie à tout sacrifier pour sauver le monde de cette heure. Oui, mes enfants, quittez ce que vous faites, quittez vos joies, quittez les occupations chéries, les rêves d'or, et venez travailler à sauver le monde. Quand un navire est en péril, l'équipage, les passagers, tous abandonnent tout pour aider à la manœuvre et l'empêcher de sombrer. Nul ne pense à autre chose. Faites comme ceux-là, chers enfants, chers rois, chers prêtres, chers écrivains, chers fondateurs de sectes, de systèmes, chers croyants de toutes les fois, chers athées, chers artistes, chers savants, chers hommes de tout rang et de tout pays. C'est le moment, je vous le jure, moi vieillard levé dans la nuit pour vous écrire.

Si vous prenez ce parti énergique et impersonnel tout est sauvé. Sinon tout demain sera perdu. O conducteurs de peuples, ô conducteurs d'âmes je vous adjure, ne dites pas : Je ne puis rien, je suis trop vieux, le mal est fait, je suis sans force, je laisse aller le vaisseau à la dérive. Non tout n'est pas perdu. Voici la méthode impersonnelle équilibrant le savoir et l'âme humaine ! Tout est sauvé !

Ne voyez-vous pas que le vaisseau court à l'un de ces écueils aimantés où la mort de tous est certaine ? Au gouvernail ! Le gouvernail c'est le critérium de la pensée. Changez l'axe de route du navire, changez le critérium directeur ! Un coup de barre, amis, c'est tout ce qu'il faut ! Tout est sauvé !

Le ferez-vous, égoïstes, qui buvez, aimez, jouissez, rêvez pendant que la route fatale s'accomplit ? A quoi vous servira demain l'or que vous gagnez aujourd'hui ? Le vaisseau sera brisé sur l'écueil, tous avec vous seront noyés dans l'abîme. Allons venez donc et tout est sauvé.

III. — Vous le voyez le monde désespère de tout. L'heure est critique. Ce n'est pas sans afflictions extrêmes, pénétrantes, accablantes, que le monde crie ces mots : Je ne crois plus aux Fois, je ne crois plus aux métaphysiques, je ne crois plus aux sciences pour assurer la marche de l'humanité.

Que veulent donc dire tous ces légitimes désespoirs ?

La méthode n'étant pas constituée en science, le critérium infaillible vrai ne pouvait être trouvé ni par les Fois, ni par les métaphysiques, ni par les sciences spéciales.

Voilà pourquoi, au bout de la route des siècles, l'humanité soupesant aujourd'hui la valeur des affirmations qu'on lui a présentées et qu'on lui présente, désespère de toutes, sans exception !

Que fallait-il donc ?

Que la science constituée de la méthode découvrit le critérium vraiment universel, vraiment infaillible.

C'est le critérium impersonnel. Car il faut que le juge dernier nous soit impersonnel pour nous dire la vérité et pour donner aux certitudes de la science le caractère d'impersonnalité, sans lequel il n'y a pas de science faite.

Quel est-il ?

C'est le Fait de façon générale, pratiquement c'est l'INDESTRUCTIBILITÉ DU FAIT, prenant un caractère axiomatique tant il s'impose comme certain.

Voilà le directeur dont l'humanité ne désespérera jamais. Pas de mode ici ! Pas de pierre d'attente ! C'est le vrai absolu ! Voilà qui mènera le monde, avec la science constituée de la méthode, à tous les progrès de l'art, du savoir, de l'ordre social, de la conscience.

Lamartine a dit comme Vico : « L'humanité ne fait que monter et descendre la même route. » Fausse, superficielle, énervante, désespérante, abaissante philosophie.

L'humanité marche au gré de son critérium infaillible et de la méthode dont il est l'expression. Elle monte ou descend, progresse ou s'affaisse, prend telle ou telle forme d'esprit, de conscience, d'ordre social selon son critérium.

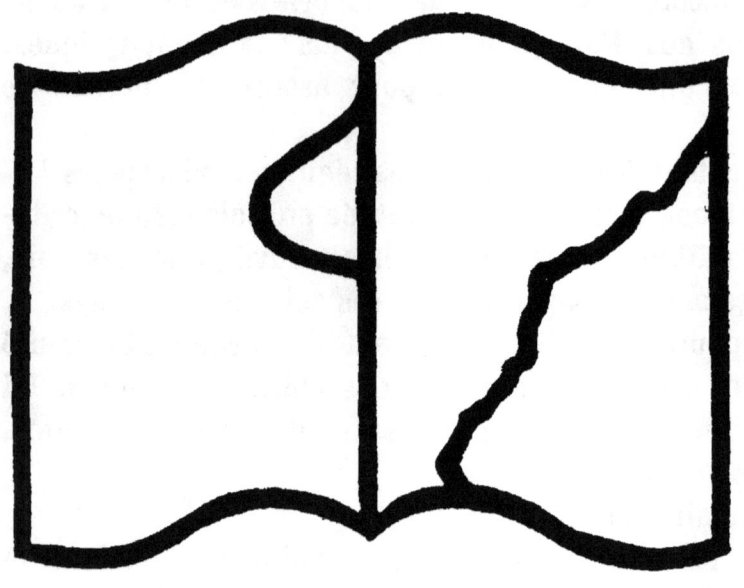

Texte détérioré — reliure défectueuse
NF Z 43-120-11

Le critérium est un mouleur qui donne la figure qui lui plait.

Le seul moyen de présenter à l'humanité la grande voie droite, c'est que la méthode soit science faite ; c'est que le critérium soit scientifiquement l'impersonnel infaillible. Ce moyen trouvé, fatale est la marche des consciences, des sciences, des arts, des ordres sociaux, fatale dans le bien, le juste et le vrai, comme étaient fatals les soubresauts, les chutes constatés par Vico, Lamartine et tant d'autres.

IV. — Oh ! l'histoire est vraiment hideuse en vérité !

A peine y trouve-t-on un coin pour se reposer une heure dans la contemplation de la vérité, de la vertu, de l'héroïsme et de la droite intention ! Rassurez-vous, jeunes hommes et jeunes filles, l'histoire est si monstrueuse parce qu'elle ne raconte que les aventures des peuples, ces tourbes impersonnelles, qui presque tous se mettent au-dessus du droit et de la justice ; parce qu'elle ne raconte que les aventures des prêtres et des rois, ces hommes hors de la situation de l'homme, qui n'ont presque jamais hésité devant le crime pour satisfaire leurs désirs, leurs convoitises ; parce qu'elle ne raconte que les aventures des Grands qui ont des intérêts politiques ou personnels si considérables, qu'ils n'ont presque jamais reculé devant le mensonge, l'abaissement et le meurtre ; parce qu'elle ne dit pas toutes les grandeurs ignorées que l'immense souffrance des hommes laisse deviner. Pensez à la quantité d'abnégation qu'ont trouvée sur leur route les Fois et les rois, à celle que peut contenir un événement comme la Révolution Française. Pesez tous les phénomènes de l'histoire à cette balance. En haut est le vice, partout sont la vertu et le dévouement.

Jeunes gens, consolez-vous. L'humanité vaut mieux que l'histoire. L'homme améliorera l'histoire. La méthode fera l'histoire droite en empêchant les faux critériums d'exalter les passions humaines et d'en créer d'artificielles.

Ce n'est pas une simple espérance, c'est une certitude !

Est-ce que la science n'a pas amélioré, n'améliore pas tous les jours la vie ? Est-ce que la science de la méthode n'est pas la cause de l'amélioration de la science et par là de la vie ?

Nous avons vu changer les convictions intimes, c'est-à-dire la valeur morale des âmes avec les méthodes fidéistes et les rationalistes. Bien plus nous les avons vu changer avec les nuances diverses de ces deux espèces de critériums. Nous avons vu de même changer la valeur intellectuelle des hommes et des civilisations. Nous avons vu les fidéismes aboutir aux scolastiques, les rationalismes aux sophistiques ; cela fatalement !

Le fond de l'homme de nos jours est donc déjà bien profondément changé puisqu'il arrive à la science !

Nous avons vu de même les états sociaux se modifier complètement. Les fidéismes conduisant toujours à l'esclavage par les théocraties, par les autocraties impériales, royales, dictatoriales, c'est-à-dire par le critérium déféré au prêtre, au roi, au dictateur, à l'empereur. Nous avons vu les rationalismes tendre toujours à la liberté par cela que le critérium y est déféré à la raison de chacun. Mais la raison de chacun enfante fatalement un individualisme qui peu à peu se désordonne, et qui, ne pouvant se soutenir, retombe sous le dictateur, sous le prêtre, le roi, l'empereur !

Les formes sociales, les états sociaux sont donc changés de fond en comble par les changements de méthode.

Vous pousseriez dans le détail toutes ces modifications que vous les pourriez classer avec une mathématique certitude. Ainsi les fidéismes bien qu'ayant des ressemblances générales, ont des différences partielles selon la qualité intrinsèque du critérium absolu adopté. Un Indou, un musulman, un catholique épiscopal des premiers siècles, un catholique papal du moyen âge et du nôtre sont des individus fort dissemblables, et dont la dissemblance est proportionnelle à la valeur de leur critérium infaillible !

D'autre part, bien que les rationalismes aient tous cette ressemblance : que la raison est leur critérium commun, ils n'en font pas moins des hommes, des civilisations très diverses, selon que le critérium rationaliste est ou le syllogisme, ou le calcul, ou l'expérience, ou l'évidence ! Le syllogisme fait des raisonneurs sophistiques à outrance, le calcul des logiciens arbitraires, l'expérience des matérialistes quand même, l'évidence des affirmatifs superficiels comme les hommes de sentiment et d'intuition des Fois !

Toutes ces modifications sont de fatalité absolue. Il n'y a pas à regimber. C'est la loi d'influence du critérium infaillible accepté. Personne ne peut la vaincre ! On ne la domine qu'en changeant de critérium infaillible ! On n'appelle pas plus de cette loi que de la marche fatale des astres, de l'explosion de la vapeur ou de la poudre. Cette fatalité logique de la méthode c'est là fatalité des consciences, des esprits, des nations, des civilisations. C'est la loi de fatalité et de liberté de la pensée humaine et de l'histoire. Liberté car l'homme peut choisir son critérium ; fatalité par l'engrenage indéfini, à très long terme où l'entraîne, l'enchaîne, le broie son critérium choisi !

V. — Il n'y a donc pas un coin de l'âme humaine, même le plus intime, il n'y a pas un pan de la vie des hommes et des nations, qui ne subisse l'influence fatale de la méthode. Tout change si elle est fidéiste ou rationaliste ; bien plus tout change selon le fidéisme spécial, le spécial rationalisme ! Qu'on ne s'étonne donc pas que tout doive se modifier et changer par la substitution de la science de la méthode et de son critérium impersonnel aux méthodes fidéistes et rationalistes quelles qu'elles soient ! C'est une nouvelle humanité qui se lève ! Quel sera son point d'arrivée ? La transformation des sociétés de foi en sociétés de science.

Nous savons donc comment l'homme améliorera l'histoire : en améliorant la notion de la méthode ; bien plus en fondant la science définitive de la méthode.

Oh ! Quel avenir s'ouvre à ces mots ! Une méthode fausse tient pendant des siècles des peuples, des civilisations immenses dans les plus épouvantables aberrations, dans les plus imbrisables chaines, dans des dévouements inouïs, absurdes, sublimes, insensés, imposés, consentis, voulus, cherchés ! La méthode science faite va tout affranchir d'un coup.

Ah ! c'est ici qu'il faut comprendre que le grand moteur de l'homme c'est l'idée, l'idéal qui devient son critérium. C'est ici qu'il faut jurer à la face de l'Univers que l'on donnera sa vie entière pour que l'idée méthodique, mère des développements humains, soit enfin une idée scientifiquement et absolument vraie, pour entraîner l'homme au vrai, au bien et au beau. Quant à moi, je l'ai juré dès mon adolescence et j'ai tenu mon serment ! Que d'autres fassent mieux que je n'ai pu faire ! Ce n'est point une parole facile à tenir ! Il y faut tout sacrifier, bonheur intime, joie, plaisir, ambition, fortune ! Je l'ai fait.

Songeons et méditons : si toutes les sublimes qualités, toutes les abnégations divines de la nature humaine étaient employées à la vérité, au lieu de l'être aux rêves vains, aux mensonges des Fois et des rationalismes, aux jouissances indignes, quel monde l'homme arriverait à se faire !

Voilà l'avenir qu'il faut vouloir pour l'humanité. Il faut sans hésiter s'y sacrifier, jeunes gens ! Accroître la vertu par la vérité au service de laquelle elle se met ; accroître la vérité par la vertu qui la cherche et se sacrifie pour elle ! L'homme peut arriver là !

L'homme ne sait pas ce qu'il a de vertus. Mais il sait ce qu'il a de vices. Apprenez cela, pessimistes, et rougissez ! Rougissez et tournez-vous vers les sublimités de l'homme au lieu de ne voir que ses bassesses. Contemplez tous les dévouements humains, mystérieux, insconscients, tous les sacrifices qui s'accomplissent chaque jour ignorants d'eux-mêmes ! Voyez-les autour de vous ; voyez-les dans tous les passés depuis ceux des stupides et pourtant admirables fakirs de toutes les religions, jusqu'à ceux des héros inouïs des libertés. Ah ! regardez le fond même de votre âme, si mauvais que vous soyez, et vous vous sentirez capables sans doute de dévouement pour telle ou telle idée vraie ou fausse, telle ou telle douleur, tels ou tels êtres ! Vous verrez par là que la grandeur de l'homme a plus de ciel que ses vices n'ont d'enfer !

Retranchez par la pensée le travail des nations, tout croule ! Eh ! bien, dites-moi ce que le travail contient de vertus qui ne se connaissent pas elles-mêmes. Si le monde n'avait pas plus de travail, de vertus et de dévouement qu'il n'a de vices, il périrait ! S'il n'avait pas une somme de vérités et une méthode naturelle suffisantes (si infimes qu'elles soient) il s'anéantirait !

Grande consolation ! Grande espérance ! Grande certitude de l'amélioration des sociétés et de l'histoire ! C'est la vérité, c'est la vertu, c'est la méthode droite qui font la vie !

Que la vertu, que la vérité soient appuyées et guidées par la méthode et le critérium scientifiques enfin, et la vie du monde, l'histoire, sera rendue aussi parfaite que le permet la faiblesse de ce fini, l'homme ! L'homme aura les lois absolues pour soutien !

TABLE DES MATIÈRES

		PAGES
Préface et Dessein de cet Écrit....................		VII
Première Partie. — *Les Constantes de l'Histoire*.........		1
Chapitre Ier. Qu'est-ce que l'histoire.............		3
Chapitre II. Les passions et l'ignorance de la méthode causes des transitions de l'histoire.............................		7
Chapitre III. Les oscillations du critérium.........		10
Chapitre IV. Les constantes de l'histoire............		23
Chapitre V. Les constantes de l'histoire se pratiquent toujours.......................		28
Chapitre VI. Comment procèdent les constantes de l'histoire.............................		30
Chapitre VII. Ces constantes humaines causes de démoralisation........................		37
Deuxième Partie. — *La Loi de l'Histoire*................		45
Chapitre Ier. La loi de l'histoire..................		47
Chapitre II. La loi de l'histoire (suite)............		53
Chapitre III. La loi de l'histoire sort de la nature de l'homme.........................		64
Chapitre IV. Valeur scientifique des fidéismes et des rationalismes..................		70
Chapitre V. La loi de l'histoire appelle un changement de méthode................		73
Chapitre VI. Espoir que vérifiera la cinquième partie de cet écrit................		81
Troisième Partie. — *La Loi de l'Histoire et la Providence.*		85
Chapitre Ier. La loi de l'histoire et la Providence..		87
Chapitre II. Ce qu'est la Providence pour l'histoire.		95

TABLE DES MATIÈRES

PAGES

Quatrième Partie. — *Éléments méthodiques nécessaires à l'accomplissement de la Loi de l'Histoire*.................... 105

Chapitre Ier. Dessein des deux dernières parties de cet écrit........................ 107

Chapitre II. Le progrès dans les décadences......... 108

Chapitre III. Le salut peut-il venir des méthodes fidéistes ou rationalistes isolées ?... 113

Chapitre IV. Le salut peut-il venir de l'accord des méthodes fidéistes et rationalistes ?. 119

Chapitre V. Que la méthode expérimentale n'est pas le salut............................ 139

Cinquième Partie. — *Le salut du présent et de l'avenir par l'accomplissement de la Loi de l'Histoire*.................... 161

Chapitre Ier. Rectification de la loi de l'histoire. Situation historique............... 163

Chapitre II. Rectification de la loi de l'histoire. Situation actuelle................. 169

Chapitre III. Rectification de la loi de l'histoire. Le moyen de salut................... 182

Chapitre IV. L'état stable par l'accomplissement de la loi de l'histoire.................. 191

Chapitre V. Loi de transformation évolutive des civilisations qui pourront ne plus périr............................ 197

Chapitre VI. A quel état social allons-nous ?....... 203

Chapitre VII. La difficulté du présent.............. 206

Chapitre VIII. Mission de la France................. 210

Chapitre IX. Mission de la France. — Conclusion... 224

Chapitre X. Pratique............................. 231

Chapitre XI. A la jeune génération................ 236

Documents manquants (pages, cahiers...)
NF Z 43-120-13